L'Albatros

Ouvrages de Raphaël Enthoven

Lettres à un ami arabe, Éditions de l'Observatoire, 2024.
L'Esprit artificiel, Éditions de l'Observatoire, 2024 ; Le Livre de poche, 2025.
Qui connaît Fabien Roussel ?, Éditions de l'Observatoire, 2022.
Krasnaïa, Éditions de l'Observatoire, 2022 ; Alpha, 2023.
L'école des dames, Éditions de l'Observatoire, 2021.
Le Temps gagné, Éditions de l'Observatoire, 2020 ; Points, 2021.
(Nouvelles) Morales provisoires, Éditions de l'Observatoire, 2019 ; Le Livre de poche, 2020.
Le Banquet, Les Échappés, 2019.
Imaginez, L'école des loisirs, 2019.
Morales provisoires, Éditions de l'Observatoire, 2018 ; Le Livre de poche, 2019.
Little Brother, Gallimard, 2017.
Anagrammes pour lire dans les pensées, Actes Sud, 2016.
Dictionnaire amoureux de Proust, Plon, 2013 ; 2019.
Matière première, Gallimard, 2013.
La Dissertation de philo, vol. 2, Fayard, 2012 ; Le Livre de poche, 2014.
La Dissertation de philo, Fayard, 2010 ; Le Livre de poche, 2011.
L'Endroit du décor, Gallimard, 2009.
Un jeu d'enfant, Fayard, 2007 ; Pluriel, 2019.

(Suite en fin d'ouvrage)

Raphaël Enthoven

L'Albatros

Éditions de L'Observatoire

ISBN : 979-10-329-3081-6
Dépôt légal : 2025, août

170 *bis*, boulevard du Montparnasse, 75014 Paris

Pour Marcel, qui ne t'a pas connue

« Les gens disparaissent. On les écoute, on les regarde, on les aime, on s'inquiète pour eux. Un jour, ils ne sont plus là. Évaporés. Évanouis. Absents. Alors, on commence à les entendre. »

Catherine David

Au beau milieu du *Théétète*, Socrate raconte que, perdu dans la contemplation des étoiles, le mathématicien Thalès ne vit pas le puits qui était devant lui et tomba dedans, pour le plus grand plaisir d'une domestique thrace qui ne manquait pas d'esprit : « Il cherche à savoir ce qui se passe dans le ciel, et il ne prend pas garde à ce qui est à ses pieds ! »

Depuis ce jour, à l'image de la servante hilare, le monde entier reproche aux philosophes d'avoir la tête ailleurs, et de déserter le réel au profit de son idée. Or, ce qu'on reproche à l'ami de la sagesse, Socrate le reprend à son compte.

Le philosophe est maladroit ? La belle affaire !

Il ne sait pas plaider, il n'a pas de repartie et il ne connaît pas les vices de ses adversaires, il passe pour un idiot aux yeux des gens habiles, il ne flatte personne, il éclate de rire quand on se vante, et la richesse lui paraît dérisoire. En toute chose, le philosophe est empoté, maladroit, mal à son aise, incongru, importun, bizarre, et il fait l'objet de railleries sans fin.

Mais quand, au lieu de s'en tenir à ce qu'on sent on s'élève à ce qu'on sait, quand, au lieu de chercher un coupable, on en vient à se demander ce que sont la justice, la royauté, le bonheur et le malheur, c'est au tour du moqueur de se trouver embarrassé, inquiet, bégayant, et d'avoir la tête qui tourne, d'un vertige qui n'est pas le mal de terre mais le mal des cimes. Ainsi les rôles s'inversent et le railleur prête à rire.

On a tort de blâmer les empotés, les inaptes à l'ordinaire, les handicapés de la vie quotidienne, les maladroits qui mâchonnent un crayon dans un coin de la pièce. Méfiez-vous de leur discrétion. Ne les prenez pas pour des victimes parce que d'autres les prennent pour cibles. Ils n'ont l'air de rien, pourtant ce sont eux qui vous observent, et s'ils se noient volontiers dans un verre d'eau, ils tutoient les anges de leur plume ou devant un piano.

La mienne, de question, la voici : le moyen de se soustraire à un esclavage si charmant ?

– Toi qui dis toujours qu'une femme de gauche, c'est emmerdant, reconnais qu'une femme de droite, c'est quand même pas malin !

Touché.

Je n'imaginais pas, en lui racontant mes déboires, qu'elle en profiterait pour se moquer de moi et faire un peu de politique. J'étais ravi. Le cynisme convenait parfaitement à ce cœur d'élite.

– Je ne pouvais pas prévoir qu'elle me ferait...

– Bien sûr que si, tu pouvais le prévoir ! Elle l'avait déjà fait deux fois. Jamais deux sans trois.

– Et ça te fait rire.

– Non, ça me fait plaisir. Et puis, comme disait mon père, il fallait faire exprès de ne pas le faire.

– Maman, ça fait mille fois que tu cites cette phrase en précisant qu'il s'agit de Pitou, comme si on l'avait oublié entre-temps.

– L'oubli vient plus vite que tu ne penses. Répéter, ça entretient la mémoire. C'est comme travailler le *Nocturne*, tu veux l'entendre ?

– Oui, bien sûr, mais tout de même, ça ne te gêne pas de répéter les mêmes choses tout le temps ?

– Et toi, tu n'en as pas marre de faire toujours les mêmes erreurs avec tes femmes ?

Touché, encore.

– ... Non, mais c'est fou, ça ! continua-t-elle. C'est ton troisième enfant d'une troisième femme ! Et tu continues de penser que tu n'y es pour rien ! Sérieusement ? Peut-être est-il temps que tu te poses des questions ? En même temps, moi ça me convient très bien. Plus j'ai de petits-enfants, mieux je me porte !

– Ouais. Ce n'est pas toi qui les torches.

– Ce n'est pas moi qui les fais non plus ! Toi, tu les fabriques, tu les assumes, tu les élèves dans l'amour, et moi je les prends pour le goûter à Montmartre une fois par semaine, on va voir le funiculaire, on fait un tour de manège, on mange des barbes à papa et tout le monde est content !

– Deal.

– Tu vois qu'il y en a là-dedans ! dit-elle en me désignant sa caboche.

– Je n'ai jamais dit le contraire.

Je vis alors, ou je crus voir passer, comme un nuage sur son beau visage, le soupçon d'une inquiétude, sitôt balayée d'un regard absent.

– Maman ?

– Hein ?

– Tu es pensive...

Elle se reprit.

– Regarde... Écoute, plutôt : j'ai travaillé le *Nocturne* !

Et elle se mit au piano.

Entendez ceci. Ma mère jouait divinement.

Non qu'elle fût pianiste professionnelle. Rares sont les pianistes professionnels qui jouent divinement. Mais ma mère était une amatrice experte, une amatrice de haut vol, la reine des amateurs, qu'elle appelait aussi les handicapés de la gamme en tierce. Car ma mère était bilingue ; experte en deux claviers, elle parlait en notes aussi bien qu'en mots. « J'ignore, disait-elle, les raisons qui m'ont fait négliger ce panier rempli de musique pour suivre plutôt le chemin sinueux de l'écriture, que nul avant moi n'avait frayé dans ma famille. Mais le fait est là. » Tout en étant une musicienne hors pair, elle était devenue, en trois livres (*La Beauté du geste*, *Crescendo* et *Lettre ouverte à ma main gauche*, qu'il lui restait à écrire), la théoricienne d'un dilettantisme passionné qui avait vu le jour quand de bons esprits - refusant à son père la carrière de pianiste - avaient tué son génie dans l'œuf.

Dans la famille des amateurs, ma mère eût voulu faire partie des « hardis déchiffreurs », qui sautillent d'une pièce à l'autre, ces nomades que rien n'impressionne, qui improvisent au besoin, et qui, comme on goûte plusieurs vins ou comme on prend une cuillère de caviar avant de laisser la boîte ouverte, gambadent, insouciants, d'une sonate à une fantaisie, indifférents aux fausses notes qu'ils laissent en chemin... Mais l'honnêteté commande de dire qu'elle était de l'autre camp, celui des « gais laboureurs », des ballots qui s'accrochent aux notes comme à des bouées, l'espèce des valeureux sédentaires dont les tribulations se résument au perfectionnement, qui passent des mois sur une partition comme Frenhofer sur sa toile, à pétrir le même morceau pour en capter chaque détail, chaque inflexion.

À l'exception du jour où elle nous a accompagnés au piano tandis que nous chantions le thème de *Winnie l'Ourson* dans le salon, je n'ai jamais entendu ma mère improviser, ni même retrouver une mélodie. J'aurais tant aimé, moi aussi, qu'elle eût ce talent. Mais non. Elle était moins drôle que ça. En revanche, comme un amateur aux échecs surprend un grand maître, comme il arrivait à Henri Leconte de battre Ivan Lendl, de temps en temps, ma mère atteignait un niveau auquel ses professeurs eux-mêmes ne prétendaient pas. Bref, son répertoire était maigre, mais son interprétation inouïe. Des rêves de jeune fille servis par une ténacité de paysan alsacien qui remplace l'espoir par l'obstination, et que rien n'impressionne sinon l'idée lancinante qu'un jour maudit ses doigts puissent s'engourdir et cesser de lui obéir.

Gradwohl, c'était son vrai nom. Éteint avec elle. Venu d'un ancêtre mosellan qui répondit à l'employé de mairie exigeant que, comme tous les juifs, il choisît un patronyme : « *Ach, es ist mir gerade wohl* », ce qui, dans son patois, voulait dire « Ça m'est égal. » En d'autres termes, ma mère s'appelait « Je m'en fous. »

À plus de soixante ans, infidèle à son patronyme, elle continuait, en éternelle étudiante, à parfaire sa technique auprès de maîtres aux noms fabuleux, Gabriella Torma, Irakly Avaliani, et surtout André Boucourechliev dit « Boucou »... Chaque fois qu'elle interprétait le *Nocturne* de Chopin que nous aimions tant, qui était l'hymne de nos retrouvailles et le baromètre de ses progrès, les fleurs ne parlaient plus, les oiseaux piaillaient plus discrètement, les dealers de la Butte trafiquaient sans bruit, les livres eux-mêmes semblaient se taire. Tout le monde écoutait cette Orphée. Or-fée. Moi le premier. Tellement admiratif du savoir que je n'aurais jamais. Champollionne Maman, qui transformait des hiéroglyphes en mélodies...

Mais soudain, comme une tache de beurre sur un pantalon blanc, une fausse note.

– Ah, tu trembles, carcasse !
– Pas du tout. À qui tu parles ?
– À ma main gauche !
– Et pourquoi ?
– Parce qu'elle me fatigue.
– Qu'est-ce que tu veux dire ? Elle n'est pas contente ?
– Non, elle me fatigue. Elle est fatiguée, donc elle me fatigue.
– Depuis quand ?
– Je ne sais pas. Écoute... On dînait avant-hier au Golfe de Naples avec Danielle et Betty quand, tout à coup, alors que j'avais enfilé la main droite et que le serveur me tendait l'autre manche, mon bras s'est arrêté.
– Comment ça, ton bras s'est arrêté ?
– En fait, tout s'est arrêté. Non seulement mon bras gauche ne bougeait plus mais je n'avais plus du tout *envie* de bouger mon bras !
– Je ne comprends pas.
– Moi non plus. C'est comme si une immense fatigue s'était emparée de mon bras et de ma tête en même temps, et je suis restée là, immobile comme une dinde de Noël.
– Ça a duré longtemps ?
– Assez pour que les gens de la table voisine me regardent bizarrement. C'est tout ce que je sais.
– Et ensuite.
– Ensuite, rien. Je me suis comme réveillée. Et j'ai enfilé la manche, sans faire trop d'efforts. Mais ça m'a inquiétée. C'était comme si un mur invisible s'était élevé entre moi et mon geste. Et le plus dingue, c'est que *je ne voulais pas bouger* ! Je n'étais pas en colère contre moi, j'étais en colère contre mon manteau.
– C'est la traversée de la manche !

– Excellent !

– En somme, ta volonté s'est mise au diapason de ton corps.

– Comme tu parles bien, mon fils... Alors, depuis, je bois du café et j'exerce mon bras gauche.

– C'est-à-dire ?

– Je travaille la *Révolutionnaire*.

– Sérieusement ? Chopin ? Tu m'as toujours dit que c'était la face nord !

– Oui, surtout pour la main gauche.

– Et comment ça se passe ?

– Bof. J'ai le petit doigt qui se relève tout seul, sans que je lui demande.

– En même temps, tu lui demandes beaucoup. La *Révolutionnaire*, c'est une folie. Peut-être est-ce tout simplement que tu es en train de faire des progrès sur les pentes de l'Everest ? Tu ne l'as jamais bien jouée, la *Révolutionnaire*. Et tu m'as toujours dit qu'un progrès se mesure au nouvel obstacle qu'on rencontre...

– Pas seulement, mon canard-lapin. Parfois, un progrès, c'est comme un col vaincu, un étage de plus, un sol stable, tu vois ?

– Je vois bien.

– Eh bien moi, depuis deux jours, j'ai l'impression de pianoter sur du sable. Comme si je travaillais pour rien. D'habitude, après une heure de piano, les apprentissages restent engrammés dans la main, les muscles, les nerfs, les tendons, les jambes, la moelle épinière, le cerveau, les oreilles, les poils, partout ! Et là, rien du tout ! Rien ne mûrit ! Tout s'efface ! J'ai la mémoire qui flanche. Comme si ma main avait fumé un pétard... Comme si elle avait perdu la foi. Comme si ma main s'était allégée, tu vois ?

– Allégée ?

– Oui, comme un camembert pasteurisé, comme un fromage aux normes européennes. Mon coude s'est un peu replié, je ne sens plus mes doigts... Tu connais le serpent Kundalini ?

– Hein ?

– C'est de la mystique hindoue. C'est le reptile énergétique tapi à hauteur des reins, que tu actives en respirant et qui projette son énergie à toutes les extrémités du corps. Eh bien moi, mon serpent est tout flapi. Ma main gauche n'a jamais été une athlète, une championne de la triple croche, mais elle était fiable et constante. Et là... pfiou ! Du vent ! Mes dix doigts merveilleux, mes dix antennes ! Je n'ose même plus leur demander de faire des nuances.

– Bouh ! Tu es une pauvre pianiste martyre !

– Ne plaisante pas !

– Excuse-moi. Ne t'inquiète pas. Ton père aussi avait les mains tremblantes. Et pourtant c'était un pianiste merveilleux.

– C'est vrai, répondit-elle avec tendresse. Ses mains tremblaient quand il faisait le chef d'orchestre, que les amis étaient assis et qu'il posait la main gauche sur le pupitre.

– La main gauche, déjà !

– Oh !

Ma mère eut l'air sincèrement effrayée par une remarque que je croyais innocente, alors, pour ne pas la laisser sur cet effroi, je continuai de parler en jouant la carte tendresse...

– Et il avait les mains qui tremblent quand on allait les voir rue de Passy et qu'il me soulevait de terre pour m'embrasser ! Tu te souviens ?

– Je me souviens, dit-elle, effectivement attendrie.

– Tu vois ! Où est le problème ?

Je savais m'y prendre, elle parut moins inquiète. J'en profitai pour dégainer mon antidote.

– Écoute, veux-tu qu'on fasse un concert tous les deux ?

– Tous les deux ? Il va falloir que tu travailles, mon petit chéri.

– Mais tu dis des bêtises ! C'est toi qui joues, moi je lis.

– Et qu'est-ce que tu lis ?

– Imagine : quelques pages de *La Recherche* où le Narrateur parle de la petite phrase musicale de Vinteuil, illustrées par des morceaux de ton choix : fantaisie, sonate, nocturne, étude... Du plus triste au plus gai. Ce serait sublime !

– Oui, ce serait merveilleux, on pourrait le faire à la halle Saint-Pierre ?

– Au milieu des vilains tableaux ? Si tu veux.

– Ils ont un bon piano.

– Alors, d'accord.

– Mais...

– Mais quoi ?

– Je vais avoir un trac fou.

– Tu sais ce que disait Sarah Bernhardt...

– « Ça vous viendra avec le talent »... Oui, je sais, seulement moi je n'ai ni talent ni absence de trac !

– Ça ira très bien quand même.

– Et tu es sûr que tu veux t'en tenir à Proust ?

– Écoute, avec *Guerre et Paix*, *À la recherche du temps perdu* est le seul grand livre qui finisse bien. Le temps est son allié, la mémoire est son outil. Oui, je suis sûr.

– N'empêche. Tu ne connais pas le trac, toi. Tu es tranquille en public. Moi, pas du tout. Un jour, si j'ai le temps, si le destin me prête vie, j'écrirai un livre sur le trac. Le trac, c'est l'horreur. C'est tout qui tremble ! C'est pire que le vertige !

– N'exagérons pas.

– Tu ne te rends pas compte ! Le trac, c'est l'envers de la virtuosité, c'est le grand pourvoyeur de renoncements !

– Comme tu es lyrique !

– C'est de ta faute, c'est toi qui me fais parler. Non, tu ne connais pas le trac. Toi, tu es acteur, tu es conférencier, toi tu es beau, mon fils. Moi, je suis une enfant.

– Ne te fais pas si petite, tu n'es pas si grande, Maman, et disons que nous avons deux ennemis : la main gauche et le trac. On devrait s'en sortir.

La guerre était déclarée.

Le défunt était semblable au rêveur qui s'éveille brusquement et délaisse à tout jamais les personnages de son rêve.

« Bonjour, bonjour, comment allez-vous ? » dit le docteur Francis en entrant dans sa chambre avec l'air dégagé des grands professionnels que les moribonds n'impressionnent pas. De ses mains expertes, il palpe sa mâchoire, la manipule un peu et conclut rapidement : « Elle n'est pas algique, elle ne souffre pas. » C'est déjà ça. Mais faut-il le croire ?

Sur son lit de malade, ma mère ne bouge plus. Elle est couchée sur le flanc droit, les yeux mi-clos, le teint jaunâtre, la lèvre inférieure pendante d'où le fameux filet de salive que j'ai tant de fois essuyé ne s'échappe plus. Elle ne dort pas. Elle n'est pas éveillée non plus. Elle est au-delà de toute réaction. Le visage figé, elle respire avec un bruit de moteur rouillé. Est-elle ainsi parce qu'elle est absente ou bien parce qu'intelligemment elle consacre les forces qui lui restent à respirer ? C'est indécidable. Pourtant, c'est important. Car si c'est pour courir après sa respiration qu'elle ne communique plus, ça veut dire qu'elle comprend peut-être ce qu'elle entend.

J'étais venu la voir en début d'après-midi. Depuis quelques semaines déjà, nous ne communiquions plus que par de longues phrases de ma part auxquelles elle répondait en soupirant des « oui », la tête penchée à angle droit sur les genoux, selon l'étonnante souplesse des gens qui se ratatinent. Mais cette fois, c'était vraiment fini. L'ultime opération avait eu raison du dialogue à une voix. Elle était cuite. Mûre pour la mort. Nous étions au bout de son chemin de croix. Alors, pour meubler, je lui ai lu quelques pages de ses propres livres, des morceaux choisis où elle a mis tant d'elle-même qu'on croit l'entendre quand on la lit. Et comme je n'avais plus accès à elle, je lui fis le serment pompeux de prendre soin de sa mémoire.

Sait-elle que je lui parle ? Est-elle terrifiée ? Épuisée ? Soulagée ? Son visage ne dit absolument rien. Le cerveau est-il hors service ? D'une certaine manière, cela me rassurerait. Comme quand je jouais sur les défaillances de sa mémoire pour lui faire croire que j'étais là la veille, alors que je ne l'avais pas vue depuis trois jours. Je voudrais l'embrasser, mais je n'ose pas. Pour finir, je dépose tout de même un dernier long baiser silencieux sur son front et je m'en vais.

Le but de la visite du médecin était qu'elle entrât en soins palliatifs et qu'à l'heure où les services changent, sous la bonne garde d'employés compréhensifs qui ont l'habitude et qui ne veulent rien voir ni savoir, frère Francis mît discrètement un terme à tout ce cauchemar. Ce qui n'a pas été nécessaire. Ma mère est morte, toute seule, le lendemain matin.

Comment a-t-elle passé sa dernière nuit ?

Elle qui appelait si souvent au secours, a-t-elle imploré qu'on lui vînt en aide ? A-t-elle tremblé dans le noir ? M'a-t-elle espéré ? Son visage même décomposé, dégoulinant de larmes et de sécrétions, se fendait toujours d'un large sourire à mon arrivée. « Voilà ma merveille. » À quelques semaines de sa mort, ma mère continuait de m'attribuer le pouvoir de chasser les monstres en apparaissant. J'aurais dû rester. J'aurais dû passer la nuit avec elle, veiller la mourante et lui tenir la main, au lieu de rentrer chez moi, gémir sur MON sort et m'endormir avec un joint.

M'a-t-elle appelé ? Peut-être pas. Ou alors pas en premier. Depuis qu'elle avait perdu la tête, la première personne à joindre en cas de panique était son père adoré, mort en février 1986, puis sa mère, disparue vingt-cinq ans plus tard. Ma mère était tout amour et nous aimait de tout son cœur, mais, incontestablement, elle aimait ses hommes plus que ses enfants, et elle aimait ses parents plus que ses hommes. C'est vous dire combien elle aimait ses parents. C'est eux qu'elle a dû invoquer pour cette ultime défaite. Plus que la mère affaiblie qui somme ses enfants de former un rempart contre l'offensive finale, j'imagine une petite fille cachée, clandestine, qui supplie son père et sa mère de la protéger quand l'heure est venue et que le monstre est entré dans la chambre.

Et puis son cadavre. Tout jaune, déjà. D'un froid spatial. Et la fausse bougie à l'entrée de sa chambre. Posée sur une petite table basse avec une petite fleur, pour informer délicatement les pensionnaires de l'Ehpad que l'une des leurs vient de les quitter.

Avant de le rompre, j'écoute le silence qui n'en est pas un.

Ma mère ne savait pas partir d'un endroit. Elle qui se trouvait de trop dans ce monde, toujours malvenue, maltraitée, mal fagotée, marginale, ne sentait jamais le moment où elle était de trop dans la vie des autres. Quand, en désespoir de cause, après avoir épuisé, du soupir jusqu'au bain des enfants, toute la batterie des signes qu'il était temps pour elle de s'en aller, je lui disais « Il faut rentrer, maintenant, maman, ou plutôt il faut partir », elle me répondait immanquablement « D'accord, mon chéri, encore une petite demi-heure et je m'en vais. »

Il faut dire aussi que ma mère était toujours en retard, non qu'elle fût imprécise mais, confondant l'heure d'arrivée avec l'heure de départ, elle (qui habitait dans une autre galaxie, au lointain Montmartre) avait innocemment pris l'habitude de se mettre en mouvement quand elle eût dû sonner à ma porte, de sorte que sa venue était souvent précédée d'un message joyeux qui, alors que nous commencions à l'attendre, annonçait sans culpabilité que, ponctuelle, elle partait à l'instant.

La meilleure façon qu'elle fût à l'heure était donc de lui donner rendez-vous chez elle, dans la thébaïde qu'elle avait patiemment composée, au sixième étage d'un immeuble qui donnait sur la Butte, d'où elle faisait savoir qu'elle attendait parfois des journées entières, nom de Dieu, qu'on vînt lui rendre visite. C'était un merveilleux appartement, baigné de lumière, rempli de livres et dont le salon et la salle à manger étaient sertis dans un balcon géant. Ma mère avait depuis longtemps troqué son crapaud contre un piano droit de bonne facture où elle se tenait, fidèle au poste.

– Nous avons failli attendre ! me dit-elle dans un large sourire, en achevant les dernières mesures du morceau que, dans ma vie, j'avais le plus fredonné, qui s'était inscrit en moi sous forme de rengaine à force d'être siffloté, dont elle avait gravé chaque détail dans les fibres de ma mémoire tant je l'avais entendue le travailler, mais dont j'eusse été incapable de donner l'auteur.

– Qu'est-ce que c'est ?

– Keskecè ? Brahms ! *Intermezzo*.

– Ah, c'était donc ça. Magnifique.

– Plus que ça ! répondit-elle, sans cesser de jouer.

Ma mère aimait parler en jouant, les mots qui lui venaient étaient toujours gais. Cette licence qu'elle prenait en autorisait d'autres, et j'aimais, pour la ravir en la dérangeant, embrasser son front magnifique tandis qu'elle fixait une partition.

– Bon, alors, qu'est-ce que tu proposes, mon fils proustien ?

– Figure-toi que j'ai pensé à toi...

– Ça commence bien !

– Eh oui, toi qui parles tellement du silence, je me suis dit que ça te plairait.

– Quoi donc ?

– Écoute ça : « Mais ils se turent ; sous l'agitation des trémolos de violon qui la protégeaient de leur tenue frémissante à deux octaves de là – et comme dans un pays de montagne, derrière l'immobilité apparente et vertigineuse d'une cascade, on aperçoit, deux cents pieds plus bas, la forme minuscule d'une promeneuse – la petite phrase venait d'apparaître, lointaine, gracieuse, protégée par le long déferlement du rideau transparent, incessant et sonore. Et Swann, en son cœur, s'adressa à elle comme à une confidente de son amour... » Qu'est-ce que tu en dis ?

– Splendide ! En voilà un qui ne se mouche pas du pied gauche ! C'est où ?

– Dans *Un amour de Swann*, pendant le dîner où la Verdurin tente de brancher Odette et Forcheville sous l'œil du pauvre Swann.

– T'y en sais, des choses, mon fils... Je t'ai raconté comment j'ai découvert Proust ?

– Seulement deux ou trois fois.

– Tu es gentil. J'avais dix-sept ans, c'était l'été et le médecin de mes parents m'avait prescrit une cure thermale pour de prétendus troubles respiratoires. Et c'est Pitou qui me conduisait chaque matin dans sa petite Austin jusqu'à Enghien...

– Et tu fumais une gauloise !

– Une gitane ! C'était bien ! Et ensuite, j'avais toute la journée à ne rien faire, et comme je ne voulais pas rencontrer les autres curistes, je me plongeais...

– Dans la piscine !

– Mais qu'il est bête. Je me plongeais dans *La Recherche* !

– Voilà. C'est drôle que ce soit ton père qui t'ait emmenée lire Proust en cure.

– Pourquoi ?

– Parce que Swann, c'est Pitou ! C'est ton père !

– Ah oui, un grand Swann au regard doux...

– D'abord, il lui ressemblait...

– C'est vrai ! Il avait les mêmes costumes prince-de-galles, les mêmes chemises, probablement les mêmes robes de chambre, les mêmes boutons de manchette, le même air mélancolique, radieux, insaisissable, élégant, plus noble qu'une duchesse, plus fragile qu'un piano... et il adorait Verlaine !

– Et puis, c'est lui qui t'a montré la voie.

– Que veux-tu dire ?

– C'est lui qui t'a mise à la musique, alors que lui-même s'est arrêté en chemin.

– Il ne s'est pas arrêté en chemin. Il a perdu ses moyens avant de mourir. Mais avant de perdre ses moyens, il jouait merveilleusement bien, beaucoup mieux que moi.

– Mais son envie, c'était quand même d'impressionner les autres, non ?

– Pas du tout, espèce de plouc ! Il m'a appris le contraire ! Souviens-toi, disait-il, que ton but n'est pas d'épater la galerie mais de faire sonner ce piano comme tu le désires, de couler dans nos oreilles la musique de tes rêves... Il ne m'apprenait pas à faire la coquette, il m'apprenait à aimer.

– Peut-être, mais il n'a pas d'œuvre, c'est comme Lucien Guitry, le plus grand acteur de son temps dont il n'existe aucun enregistrement. On ne connaît pas sa voix. Dans le cas de Pitou, tout ce qu'on sait de lui, c'est ce que tu en as raconté. C'est une muse, avant d'être un artiste.

– Je ne sais pas si ce que tu dis me fait plaisir ou me fait de la peine. En tout cas, Swann, lui, s'il se laisse enchanter par la sonate de Vinteuil, ne connaît rien à la musique... alors qu'au piano, Pitou pouvait tout dire, de Rachmaninov à Stravinsky, avec un mélange de nostalgie et d'angoisse... Mais comme avait dit un critique musical à ma grand-mère Esther, « il n'y a plus d'avenir dans la musique ». Mon père dut renoncer à sa carrière de musicien. La musique serait son ailleurs, son éden quotidien... Mon père, tu sais, c'est un albatros empêché de prendre son envol, ligoté par toutes les bassesses de la vie.

– Tu pleures ?

– Eh oui. Ce n'est pas grave, ça fait du bien. J'ai tellement pleuré à côté de lui... devant un solo de hautbois dans une cantate de Bach, à la fin du premier acte de *Tristan et Isolde*, ou dans le premier acte de la *Walkyrie*, pendant le dialogue entre Sigmund et Sieglinde... Tant de joie !

– C'est Wagner qu'il préférait ?

– Quand il écoutait Wagner, oui. Puis il changeait d'avis en écoutant Schumann ou Bach. « Pendant que tu joues cette sonate, disait-il, aucune autre musique n'existe, mais l'Himalaya n'éclipse pas le mont Blanc. »

– Ce qui veut dire ?

– Wagner n'annule pas Debussy, Victor Hugo n'efface pas Lamartine... Rien n'est plus absurde que de préférer quelqu'un alors qu'il y a tant à faire à aimer tout le monde ! Nous pourrissons de comparer les choses, les gens et les artistes. Pourquoi nous en tenir à un visage ? À une seule théorie ? Chaque intuition est un cadeau, chaque compositeur est un génie, chaque philosophe est un maître...

– Et le grand océan tient tout entier dans une larme d'enfant. Je te connais bien.

– Oui ! Tous ces palais se visitent successivement. Tout notre malheur vient des parallèles que nous faisons entre des choses qui méritent de rester singulières... Mais revenons au texte : c'est intéressant, de commencer par « mais ils se turent... »

– Le silence avant toute chose !

– Faire taire le silence !

– Qu'est-ce que ça veut dire « faire taire le silence » ? Retourner au vacarme ?

– Mais qu'il est bête... C'est mon koan zen.

– Ton ko quoi ?

– Mon koan zen ! Des aphorismes qui défient la logique comme les tableaux d'Escher défient le système d'Euclide. Ça sert à galvaniser les adeptes en élevant leur niveau spirituel. Et moi, c'est cette phrase, que j'ai mis des années à comprendre.

– Et donc ?

– Et donc, le silence n'est pas le contraire du bruit, mais le contraire de la parole. Ce qui change tout !

– C'est pareil chez Camus : « Dans l'univers soudain *rendu à son silence*, les mille petites voix émerveillées de la Terre s'élèvent. Appels inconscients et secrets, invitations de tous les visages... » Plus le monde se tait, plus il est prodigue de ses bruits à l'oreille de celui qui fait silence en lui.

– Ou chez Benjamin, qui voulait sauver le passé en donnant « du relief aux silences... » Ou chez le pianiste qui décide seul quand lever le pied et retourner au silence complet. Une nuit, j'ai rêvé que je donnais un concert en plein air, et qu'aucun son ne sortait du piano. Rien. Mes doigts n'étaient pas trop faibles, le piano n'était pas cassé et je n'étais pas devenue sourde, pourtant... silence ! À la fin, les spectateurs se sont levés, indignés, mais en silence eux aussi !

– Bonjour l'angoisse...

– Une horreur... C'est pour ça que ton idée de concert...

– Maman !

– Oui, pardon.

En vérité, « taire le silence », c'était démentir le climat d'anonymat où elle était née. C'était donner tort aux parents prudents qui, en vertu d'obscures conventions, l'avaient accueillie entre deux portes, à la va-vite, pas anonyme mais presque. Faire taire le silence, c'était, au risque de ne pas tout dire, poser un bâillon sur le mutisme en personne et prendre, enfin, la parole, au nom des morts et de leurs successeurs. Les mots, comme les notes, ne servent, selon la formule d'Etty Hillesum, qu'à donner au silence sa forme et ses limites.

Ma mère était un cœur vaillant, né dans un silence de tombe, entre une mère endormie et un père absent, qui a mis quatre ans à reconnaître qu'il l'avait reconnue. Le secret, c'est moi, disait-elle, n'envoyez pas de faire-part. Clandestine, intruse, adorée sans avoir été désirée, elle s'est donné pour mot d'ordre de réussir, malgré tout, à prendre la parole, à imposer sa voix, quitte à heurter le confort des siens. Ma mère est née dans un étouffoir, enfant malvenue qui trouve à soixante ans le sens de sa vie en se donnant pour but de dissiper le secret, d'atteindre le fond des choses par le truchement du langage, de laisser la douleur faire son travail, de regarder de près l'agonie de l'espoir, de libérer l'horreur et, soudain, de décoller une hanche marine du fond boueux de l'épave et de remonter un bijou de mort au jour dodu. Ma mère était convaincue que *ce qui est tu vous tue*, et que l'écriture seule répare ce qui peut l'être. Mais comme la vérité était parfois imprononçable, elle l'a remplacée par l'ineffable ; à l'impossibilité de tout avouer elle a substitué la quête de ce que les mots n'arrivent pas à saisir.

Elle a toujours eu le sentiment banal d'usurper les rôles que la société lui assignait. La veille de son entrée chez

Gallimard, dînant en robe de bal avec son amant et son mentor, elle leur expliqua ce sentiment étrange, que seule la pratique de l'écriture pourrait peut-être vaincre : que son lecteur eût, fût-ce un instant, l'impression que le voile se lève, que le monde se présente, s'incline, s'ouvre sur un être, et l'abîme qui le porte dans le silence des astres. Telle était son ambition.

C'est ainsi que, tout en se donnant toujours des projets inaboutis, elle avait orienté son existence vers un passé fuyant qu'elle voulait tantôt retenir tantôt ressusciter. Et quand sa propre mère est partie, quand elle est retournée en Amérique, quand, quarante ans après être arrivée en France, Mary-Louise a traversé l'Océan dans l'autre sens, comme il était vain de vouloir retenir ses parents et comme l'écriture peut tout, ma mère a pris la plume et rédigé *L'Océan miniature*, son premier livre. Puisqu'il faut qu'ils aillent si loin, on va réduire l'espace. Puisqu'il faut pleurer, chaque larme contiendra un océan. Et puisque la musique réunit ceux qui sont séparés, le piano lui sera comme un paquebot à cordes. C'était tout son optimisme.

Mais ma mère était toujours de bonne humeur quand elle me voyait, et rarement assez triste, ou impudique, pour me faire ce genre de confidences. Elle préférait, de loin, me parler de musique. Et le silence, ce jour-là, n'eut pas la même profondeur.

– Beethoven, par exemple...

– ... était sourd !

– Pire ! Il avait des acouphènes ! Mais ça ne l'empêchait pas de créer des morceaux sublimes. Comme si la musique n'était pas contredite par le silence, comme s'il avait entendu à l'intérieur de lui résonner sa propre musique. La musique ne dépend pas du son !

– Je t'ai déjà dit que j'ai toujours détesté Beethoven ?

– Et pourquoi donc ?

– Parce que c'est le surnom qu'on m'a donné à l'école, de la maternelle à la terminale.

– Et alors ? Tu devrais t'en réjouir.

– Au contraire ! C'était dit méchamment. « Beethoven », c'était ce « bêta d'Enthoven ». Je l'ai toujours entendu dans un ricanement.

– Et quel rapport avec la musique de Beethoven ?

– Aucun. J'ai toujours détesté sa musique, donc je ne l'ai jamais écoutée !

– Quelle cloche tu fais.

– Tu ne sais pas combien j'ai donné aux psys pour accepter l'idée que tu sois indifférente à ce qui m'arrive.

– Pff. Mieux vaut entendre ça que d'être sourde.

– Et donc, pour cette ouverture, qu'est-ce que tu proposes ? Quel morceau pour dire « l'agitation des trémolos de violon » ? Du Beethoven, docteure ?

– Non, j'ai mieux !

– Impossible.

– Écoute.

Et se tournant vers le piano, de ses doigts magiques elle se mit à interpréter un dialogue vertigineux entre la main gauche qui dessinait un rideau sonore et la main droite qui, avec la grâce d'une danseuse le long d'un précipice, avec l'obstination d'une petite phrase qui tente sa chance sous différentes formules, faisait des pas toujours plus audacieux au bord de la falaise, avant de revenir sagement, posément sur la terre ferme, comme une fleur assoupie sur un lit d'arpèges.

C'était aussi l'un des morceaux que j'avais le plus entendus dans mon enfance, quand j'étais si malheureux d'habiter chez ma mère, ma sœur et mon beau-père, dans le grand appartement de la rue de l'Ancienne-Comédie, et que ma mère passait des après-midi entiers devant le crapaud à déchiffrer des impromptus. En un instant, comme avec l'*Intermezzo*, je me retrouvai, petit enfant coupable, devant ma mère aux cheveux frisés, qui cherche sa place dans une maison où il n'est pas le bienvenu tout en étant contraint d'y rester.

– Schubert ! dis-je, tout fier de moi.

– Schubert ! répondit-elle, triomphale. *Impromptu n° 3* ! Il faut le jouer avec les pouces comme des ailes d'oiseau !

– Comme des ailes d'oiseau ?

– Mais oui ! Le pouce est le seul doigt de la main qui ne rencontre pas les touches avec le gras de la pulpe mais avec le côté externe de sa deuxième phalange. C'est notre nabot personnel, qui s'est adapté à sa petite taille.

– C'est parfait.

– Et c'est toute une vie qui est racontée dans un impromptu, de la première pulsation jusqu'au silence final, alors, tu vois, il faut arrêter de se mettre la rate au court-bouillon !

Pardonnez-moi, je maîtrise mal les roulures idiomatiques...

Ma mère, c'était l'idiome de Dostoïevski. Comme un disque rayé, sa conversation était constamment tissée des mêmes syntagmes antiques, des mêmes plaisanteries, qu'elle disait toujours de la même façon et qu'elle accueillait toujours du même sourire.

« Botus et mouche cousue, telle est notre Venise », disait-elle en citant approximativement les Dupondt, radieuse, et le doigt levé, dès qu'il était question de garder un secret.

« Il n'y a qu'un seul Dieu et nous n'y croyons pas » faisait son apparition chaque fois qu'on parlait du judaïsme, suivie de : « Le sage apprend de tout homme », une phrase du Talmud qu'à l'en croire le Sicilien Moncada, dit Flavius Mithridate, avait enseignée à Pic de la Mirandole.

« La preuve du pudding, c'est qu'on le mange », affirmait-elle, en existentialiste, chaque fois que l'un de ses enfants hésitait à entreprendre quelque chose.

« Seul le mépris est méprisable » (qu'elle va jusqu'à mettre dans la bouche de Pic de la Mirandole) amorçait toute remontrance contre un excès de morgue ou de snobisme.

« Il faut faire exprès de ne pas le faire » revenait à chaque bêtise de ma part, comme une salutaire extension du domaine de la responsabilité qui, éliminant le critère de l'intention, incluait la maladresse autant que les mauvais sentiments.

« Ça, c'est de la bonne fabrication », disait-elle en me tâtant fièrement le bras.

« On dit les chevaux quand il y a plusieurs chevals » lui paraissait un sommet d'humour absurde.

« Il et son féminin île » (qu'elle avait emprunté à Edmond Jabès) lui permettait de parler des couples, des amours vaincues, des langues enfouies, des messages sans destinataire et des amants retrouvés. Mais aussi du fait qu'immergé dans le particulier, l'écrivain ne peut poursuivre la transcendance qu'en inversant le geste divin, en creusant le singulier, l'incomparable et la différence.

« Ne te fais pas si petit, tu n'es pas si grand » était employé à démasquer la fausse modestie, et « Il n'y a pas de quoi nous chier une pendule » ponctuait les problèmes qui trouvaient leurs solutions.

« Comme tu veux, tu choises » accompagnait la pose de la salade sur la table. « Rate » était toujours suivie de « court-bouillon », comme « et boule de gomme » suivait « mystère ».

« Inutile d'insister, je suis imbranlable ! » était son anglicisme favori.

« En voilà un qui ne se mouche pas du pied gauche ! », maintes fois recyclée, avait été inventée tout exprès pour Claude Lanzmann dont le génie était en concurrence avec l'ego.

« Flattery will get you nowhere », qui répondait au moindre compliment, était aussi le seul moment où, parce qu'elle parlait l'américain du Colorado, elle retrouvait la voix de canard, voire le rire de canard que je détestais tellement car je l'associais à la triste époque où je vivais chez elle et Isidore.

Mais sa favorite, son adage de cœur, sa formule de prédilection, c'était le mot d'Alphonse Allais, imparable : « Ne vous inquiétez pas, tout finira par s'arranger, même mal. »

Tu mélangeais tout : la magie, la kabbale, les oracles chaldéens, les citations d'Hermès Trismégiste... Tu me donnais l'impression de construire un immense palais de papier, qui allait s'effondrer au premier coup de vent.

Les maladies neurodégénératives sont lentes et fulgurantes à la fois.

D'abord, longtemps, ce ne fut que la main gauche. Dont les accès de paresse et les tremblements intermittents, tôt repérés grâce à la pratique du piano, suscitaient des conversations enfiévrées : peut-on rester moniste quand le corps n'en fait qu'à sa tête ? La maladie est-elle une dégradation, ou une simple altération qui impose, en s'y adaptant, de réinventer sa vie ? Le corps est-il défectueux ou différent ? En un mot, que peut le piano contre parkinson ?

Au temps du diagnostic, même si elle avait tous les symptômes à l'état naissant, malgré cette altérité sournoise, ce coucou glissé dans son lit, la maladie était encore abstraite, la dopamine la dopait et, passé le choc de l'annonce, elle avait fini par croire que la vie était à nouveau normale. Les tremblements étaient noyés dans la dystonie focale du pianiste. Les trous de mémoire étaient encore solubles dans la distraction. Le mal sans recours ne s'était pas vraiment fait connaître. En ce temps-là, les questions affluent à la vitesse des anticorps, comme on court après son chagrin. Ma mère discutait ferme, célébrait le génie des gauchers (« habiles là où nous sommes empotés »), citait Chopin (« Que votre main gauche soit votre maître de chapelle, tandis que votre main droite jouera *ad libitum...* »), parlait kabbale, IRM, psychanalyse, harmonie et symétrie retrouvées, s'agrippait au constat qu'il y a plus de neurones dans le cerveau que de galaxies observables, opposait au temps destructeur de la maladie le temps constructeur de l'adaptation synaptique, expliquait que le cerveau change de stratégie quand il rencontre un obstacle et que la synaptogénèse crée de nouvelles arborescences dans une tête vieillissante ; elle dévorait la littérature scientifique sur les neurones miroirs et se persuadait qu'une blessure peut guérir par le travail. Elle s'imaginait en train de marcher dans la gadoue ou de pédaler dans du Nutella. Pour pallier la séparation du corps et de la volonté, elle proposait à sa main gauche quantité de tâches simples comme se brosser les cheveux ou les dents, tenir un séchoir, tourner la clef dans la serrure, et puis elle déplorait l'antique supériorité de sa main droite, rêvait de donner à la gauche la haute main sur son jeu, s'adressait à elle comme à une petite fille qu'elle exhortait à suivre le chemin de sa grande sœur, si habile dans les arpèges et les pianissimos.

C'était l'époque bénie où l'arthrose faisait encore concurrence au parkinson, où l'essentiel de sa vigilance était mobilisé par le bruit de ses articulations et par le souci d'établir avec son corps une relation d'amitié en retrouvant par le jeu les sensations de son enfance. C'était la drôle de guerre de son mal, le grand répit avant l'invasion. Quand un certain optimisme, confiant dans les ressources du pays, tourne le dos à l'idée du conflit.

Malgré les tremblements, bien que la crispation suivît l'effort (ce qui n'est pas normal), bien qu'au lieu de se détendre la main s'enkystât à mesure qu'elle s'exerçait, ma mère était au sommet de son art. Elle jouait tous les jours, travaillait, comme un tai-chi des mains, une série d'exercices fastidieux, ciselait consciencieusement les morceaux que nous élisions pour le concert, et elle avait accouché, en quelques semaines, de *Lettre ouverte à ma main gauche*, point d'orgue de sa trilogie du piano, livre dans lequel une inquiétude confuse voisine avec de vrais moments de bravoure, comme ces pages où elle décrit une sonate pour piano et violoncelle de Beethoven, ou bien celles qu'elle consacre au frisson - des pages parfaites, où aucun mot ne manque et qui témoignent toutes que son exigence spirituelle, le goût du terme juste et de la note adéquate, le refus d'enjamber les à-peu-près avaient été fouettés par le sentiment d'une adversité inconnue qui, pour l'heure, comme un Titan montre un doigt de pied, prenait encore la forme d'une petite tendinite éphémère.

C'était aussi l'époque, déjà, des obstacles invisibles, des entraves suspectes, des dépressions combattues à coups de toccatas, du rêve d'un univers ordonné à la façon des nombres sacrés de Pythagore. C'était l'époque grise des lenteurs maladives qui plombent les journées ordinaires, l'époque de l'inquiétude naissante où l'on se demande si le pont qu'on est en train de traverser ne va pas se décrocher... « Où est passé mon équilibre ? Ce côté félin dont j'étais si fière ? » ; une inquiétude objective, avec crises de mélancolie sévère, qui remplace les vieilles névroses et qui, bousculant les habitudes, rend nostalgique du temps où l'on était seul à se créer des problèmes.

Mais peu importe ! Malgré l'hypertonie naissante et l'hypokinésie consécutive à la prise de médicaments, elle avait encore l'ambition folle de mûrir et de mourir gaiement, comme un fruit d'automne, en plein crescendo, de conjurer la mort par le mouvement, d'éduquer la main comme on sculpte le cerveau, de vivre sans stagner, sans rétrécir, sans se plaindre ni ressasser, de mettre le déclin en sourdine en accumulant les instants bénis et les matinées de soleil... Elle hallucinait même un repos possible, une place forte, une citadelle entourée de murets ocre caressés par la lumière du soir, elle se promettait d'aller vers la lumière, n'en déplaise au diable, et elle faisait son piano comme on fait un jogging des mains au milieu d'un parc à rêves, en s'appliquant, selon les préceptes de Marie Jaëll, à faire descendre son doigt aussi profondément que possible pour le laisser porter ensuite par le mouvement ascendant de la touche : « Les sages le disent, écrivait-elle, il est plus important d'apprendre que d'avoir appris, et la perfection de l'être humain n'est rien d'autre que sa perfectibilité. Vieillir, c'est diminuer le temps qui nous sépare de la fin, mais c'est aussi un temps pour renaître, pour écrire, pour jouer avec de nouvelles pensées... Quel que soit notre mode d'expression, stylo, aquarelle ou fusain, piano ou violon, tennis ou varappe, claquettes ou calligraphie, toute pratique artistique ou sportive, dès le premier instant, ouvre un espace de progrès possible, un espace pour la joie. »

Parmi les stratèges du rempart spirituel qu'elle édifiait contre la maladie figurait en bonne place le neurologue Oliver Sacks. Au lendemain d'une déchirure du quadriceps (entièrement arraché de la rotule après une mauvaise chute), Sacks, encore embué par l'anesthésie, surpris de voir un long cylindre blanc déposé à sa gauche en lieu et place de sa jambe, jette le cylindre par terre et se retrouve lui-même au sol... Comment revitaliser cette branche morte ? Comment réapprendre à faire de cette jambe étrangère la sienne ?

Comment saisir, au-delà des lésions, l'inédite mélodie d'un individu et tout ce qui fait la continuité de quelqu'un ? Par l'écoute assidue du *Concerto pour violon* de Mendelssohn ! C'est le *fortissimo* de la musique qui le pousse dans le dos, tandis qu'il avance à peine entre deux rampes, tenu par deux kinés.

Ma mère adorait cette histoire. L'idée que les volutes sonores du violon de Mendelssohn restituassent son flux vital à un organisme séparé de lui-même, l'idée qu'une jambe pût revenir à la maison sous l'effet de la musique, lui paraissait de bon augure pour les batailles qui s'annonçaient. C'est ainsi qu'elle se préparait à l'assaut. En travaillant en musicienne, comme elle l'avait toujours fait, sur ce que les mots échouent à dire, et sur la puissance réparatrice des notes qui prennent le relais.

Comme après l'incendie du palais de Cnossos, la résistance s'est organisée dans les collines, en groupes de rescapés, porteurs de calame, assis en cercle autour de leur maître d'écriture, les mains jointes, les yeux fermés, plongés dans une méditation collective dont la puissance semblait, à elle seule, en mesure de repousser les envahisseurs, ma mère s'abritait derrière le sentiment que les barbares ou les maladies n'ont pas la moindre idée de ce qu'ils détruisent, ni de la puissance spirituelle qui maintient les peuples en vie malgré la dispersion et les carnages. Barbares et maladies ignorent le génie des artistes ou des philosophes, c'est bien connu, ils méconnaissent la musique des aèdes. Que peut-on redouter des gens couverts d'amulettes qui méprisent les scribes ? « Tu ne tueras point » lui faisait autant l'effet d'un constat que d'un commandement. Ils ne tueront point tout. Les tueurs ne tuent pas tout, voilà tout.

Elle était prête. Comme une enfant prend une épée de plastique pour affronter l'esprit de la nuit et ses acolytes.

Elle était David contre Goliath, avec le savoir du monde entier pour fronde.

Qu'ils y viennent !

Puis le mal s'étendit à la jambe, c'est-à-dire à tout le côté gauche, sous la forme d'une paralysie intempestive qui l'empêchait complètement d'avancer. Elle avait beau s'indigner, se vexer de rester immobile alors qu'elle était prête à partir, dire « Allez ! En marche ! » à son pied gauche, ce dernier, désobéissant, restait avec arrogance collé au parquet, comme attiré par une gravité supérieure. Et il fallait qu'en prenant élan sur mon épaule ou celle de ma sœur, elle lançât littéralement le bassin et la jambe vers l'avant pour qu'après deux ou trois esquisses de mouvement, deux ou trois timides tentatives de pas, le membre se déplaçât enfin. Chaque départ était une victoire obtenue d'arrache-pied. Alors, le temps où nous riions ensemble de la fameuse « traversée de la manche » et de ce bras rétif ou de cette manche de manteau qui refuse de se laisser enfiler nous parut étonnamment loin. L'épisode qui avait éveillé en elle tant d'inquiétude rentrée, et qui l'avait encouragée à travailler de concert, faisait désormais son quotidien.

C'est là que la peur est venue, la peur d'un pli dans le tapis, d'un objet qui traîne au sol, la terreur des grands escaliers de Montmartre... Quelques semaines plus tard, c'est tout le corps qui refusait de bouger. Le corps seulement ? Pas sûr. Le jour où l'ai trouvée assise sur le même canapé depuis vingt-quatre heures, nous sommes convenus l'un et l'autre qu'elle aurait parfaitement pu se lever, mais qu'elle ne le *voulait* pas. Parkinson n'est pas tant un combat du corps contre la volonté, qu'une altération de la volonté même. Certaines maladies vous laissent intact, et vous apprenez à développer une vie intérieure si riche qu'aucun mal, aucune paralysie ne peut en entamer la saveur. Parkinson, lui, s'attaque directement à la vie intérieure, où, comme un virus, il introduit ses décrets. Parkinson est une maladie de l'âme, un obstacle interne, une énergie délibérément bridée, une involontaire mauvaise volonté, comme un moteur qui refuserait de passer la seconde, une crispation terrifiante, une indolence effarante, une servitude volontaire qui met vos intentions au pied du mur, et vous voilà assise vingt-quatre heures sur le même canapé, sans comprendre pour quelle raison vous ne voulez pas vous lever.

Aussitôt viennent en escadrilles les premières vraies difficultés, les premières bouffées délirantes, les problèmes logistiques, les lettres de la banque qu'on n'ouvre plus, les dettes qui s'empilent, l'écriture qui devient illisible, les appels à l'aide, puis les premiers accidents, les premières opérations, le poignet, le fémur, la hanche, le genou. (Assez vite, ma mère eut deux poteaux sous le bassin, qui lui donnaient la démarche d'Ivar le Sans-Os, le roi viking paralysé jusqu'à la taille, muni d'un dispositif ingénieux lui permettant de se déplacer malgré tout. Mais sa raideur était un prélude à la ratatinade. Parkinson vous écartèle d'abord, avant de vous écraser.) Puis vient la septicémie, une nouvelle chute, puis un staphylocoque blanc, puis un staphylocoque doré, puis un cancer... Tout épisode hospitalier provoquait une dégradation brutale et irréversible. Ma mère ne vivait pas bien haut, mais chaque fois qu'elle passait par Lariboisière, elle tombait d'un étage. Comme ce jour où, tel Oliver Sacks avec son plâtre, ma mère, qui s'était éveillée toute décalée et de fort mauvaise humeur après une opération de la hanche, s'était jetée elle-même hors de son lit d'hôpital.

Chaque opération était suivie de longues séances de kiné dans l'un des innombrables « centres de rééducation fonctionnelle » que compte la lointaine banlieue de Paris, où j'encourageais ma mère qui, comme Sacks convalescent, tentait d'avancer en levant le pied entre deux rampes. Malheureusement, à la différence du génial neurologue, aucune musique ne venait la porter. Elle n'invoquait pas de mélodie à l'appui des efforts qu'elle faisait pour ne pas tomber. Comment elle, si musicienne, pouvait-elle ne pas mettre en œuvre le remède de Sacks et convoquer une musique dont le fortissimo l'eût aidée à tenir debout ? Qu'est-ce que c'est que cette arnaque ? Et la musique, alors ? À quoi bon, la musique ? Pour conjurer mon abattement de la voir ainsi batailler dans le silence, je pensais au bruit de ses talons dans les rues de Venise où elle m'avait emmené passer une semaine quand j'avais douze ans, ou bien à ce jour à Barcelone où, au sommet de sa splendeur, ceinture noire de karaté, elle avait cassé le poignet du type qui avait voulu lui prendre son sac, ou encore aux pages qu'elle consacre dans *La Beauté du geste* à Ritsu Zen, cette torture pour karatéka qui consiste à s'asseoir sur ses propres jambes en tenant dans les bras un gigantesque ballon invisible.

C'est ainsi qu'une saloperie neurodégénérative vous dégrade, par à-coups mais insensiblement, incurablement, sans retour ni rémission. Avec les inconvénients du Blitzkrieg et de la drôle de guerre. Sans jamais vous laisser savoir sur quel pied danser. Jusqu'à l'ultime pépin, la pichenette narquoise, l'infection vénielle qui vous pousse dans la tombe.

Quelques mois et quelques opérations plus tard, ma mère était grabataire et mangeait en bavant dans le fauteuil roulant dont elle ne se levait plus. Ses pieds congelés, tendus vers la pointe, s'étaient définitivement figés dans une position gracieuse. Et elle ne touchait terre que quand, à sa demande, je l'emmenais tout seul de son fauteuil à son lit. Alors, je la prenais par les aisselles et je la soulevais, je soulevais son corps indépliable et squelettique et je la maintenais en hauteur, de manière que ses pieds sentissent le sol sans s'appuyer dessus. Elle posait ses mains sur mes épaules et ses pieds sur les miens et nous nous balancions ainsi, d'une jambe à l'autre, comme on danse, le temps de quelques pas, pour rejoindre le lit.

J'ai le profond désir de me défaire de cette part inconsistante de ma personnalité qui, lorsqu'elle passe à l'avant-scène, frappe de nullité tout ce qui a été accompli. Dans ces instants effrayants, je ne suis plus qu'un volubilis, un parasite à la tige trop faible pour survivre sans support et qui supplie.

– Raphaël, tu es certain de vouloir faire ce concert ?

– Pourquoi, Maman ?

– Parce qu'on est bien là, tous les deux. Pourquoi jouer devant plein de gens ?

– Et pourquoi pas ?

– C'est vrai. Pourquoi pas. Mais tu es quand même gonflé d'aller chercher une « petite phrase » dans l'œuvre de Proust ! Les petites phrases, ça ne court pas les rues dans *La Recherche*, me fit-elle observer, en partant d'un beau rire cristallin.

– Très drôle...

– Bon, qu'est-ce que tu proposes ?

– Écoute : « D'un rythme lent elle le dirigeait ici d'abord, puis là, puis ailleurs, vers un bonheur noble, inintelligible et précis. Et tout d'un coup, au point où elle était arrivée et d'où il se préparait à la suivre, après une pause d'un instant, brusquement elle changeait de direction et d'un mouvement nouveau, plus rapide, menu, mélancolique, incessant et doux, elle l'entraînait avec elle vers des perspectives inconnues. Puis elle disparut. Il souhaita passionnément la revoir une troisième fois. Et elle reparut en effet mais sans lui parler plus clairement, en lui causant même une volupté moins profonde... »

– Beau ! Encore Swann ?

– Absolument. C'est la rencontre !

– Entre Swann et Odette ?

– Non. Entre Swann et la petite phrase.

– C'est la première fois qu'il l'entend ?

– Pas tout à fait. En fait, il l'avait déjà entendue, l'année précédente, au cours d'une soirée, mais à l'époque il ne l'avait pas *relevée*, il avait juste conservé du morceau un souvenir ému, sans savoir pourquoi. Et c'est là, chez les Verdurin, qu'il l'entend de nouveau mais qu'il parvient à l'isoler, et que sa mémoire la lui présente toute nue. Et ce qui est bouleversant, c'est que, hormis « d'un rythme lent », on n'a aucune information sur la petite phrase. Il en parle sur des dizaines de pages, il en fait le grand exhausteur de l'existence et l'interprète du bonheur comme du chagrin, mais la seule information concrète dont on dispose sur la petite phrase, c'est son rythme.

– Nous voilà bien...

– On est très bien ! Et tu sais ce qui est encore mieux ?

– Non ?

– C'est qu'il parle de la petite phrase comme il parle de la petite madeleine.

– Ah, bon ?

– Mais oui ! Quand il parle de la volupté moins profonde que lui procure la troisième écoute (qui est une écoute volontaire : « il souhaita passionnément la revoir... »), c'est un écho de la dégustation de la madeleine qui perd de son pouvoir magique et de la volupté qu'elle procure quand il la goûte pour la troisième fois.

– Et pourquoi est-ce que sa volupté est moins profonde ?

– Parce qu'elle est volontaire ! Dès que c'est volontaire, c'est mort. C'est comme un souvenir organisé avec émotion obligatoire. Comme un orgasme qu'on planifie, si tu préfères.

– Ah oui, c'est tout de suite moins bien.

– Voilà.

– Sauf que, si tu me permets, mon canard-lapin, cette histoire de petite madeleine trempée dans du tilleul, pour une pianiste, c'est de la petite bière !

– Et pourquoi ça ?

– Parce qu'il n'y a rien d'impressionnant dans ce bout de cake fondant qui ressuscite tout Combray. Nous, les musiciens, on a sous la main des tas de petites madeleines autrement plus efficaces et qu'on peut activer quand on le souhaite. Rejouer, c'est renouer ! C'est reprendre le cours de l'idylle ancienne. Il suffit au pianiste d'ouvrir une partition pour retrouver l'atmosphère qui l'entourait quand il a joué le morceau la première fois. Le temps musical n'est pas comme celui qui creuse des rides autour de nos yeux et nous écrabouille lentement. Aucune ambivalence ici. Pas besoin de fouiller le temps perdu pour y croiser le temps retrouvé. Le temps musical est un temps tout entier créateur.

– Tu veux dire que le pianiste puise quand il veut dans le stock de petites madeleines qu'il a à sa disposition ? Comme un lecteur qui ouvre le roman de son choix ?

– C'est mieux que ça, mon Raphaël ! Un pianiste ne joue jamais de la même manière. L'expérience embellit ses premiers morceaux. Non seulement il éprouve un souvenir involontaire sur commande, mais en plus il maîtrise ce qui lui arrive. Il y a plus de volupté que de douleur dans la nostalgie qui s'empare du pianiste. Il n'a pas besoin d'un saut quantique vers l'enfance pour retrouver son village natal. Une rengaine y suffit. C'est toute la différence entre *relire* et *rejouer*. Relire, c'est épuiser le charme de la première lecture. Rejouer, c'est retourner à volonté dans sa première maison. Rejouer, c'est revivre, c'est être ivre au même moment que le compositeur et sentir, pour un instant, l'émotion qui l'a traversé en écrivant ce chef-d'œuvre. Ne pas savoir comment il fait n'empêche pas de faire pareil ! Tel *Impromptu* de Schubert, je ne sais toujours pas ce qu'il veut dire, mais il me serre la gorge chaque fois que je le joue, telle arabesque de Debussy m'émerveille sans que je lui trouve un sens, le prélude fou du *Clavecin bien tempéré* avec lequel mon père et moi faisions des concours de vitesse, tout ça, je peux le ressusciter à volonté ! Quand je joue l'intermezzo du *Carnaval de Vienne* de Schumann, hop ! même si le piano est désaccordé, je me retrouve à Vaucresson devant mon père et c'est toute l'atmosphère de mon enfance qui surgit...

– C'est ça que tu veux jouer ?

– Non, pour la première rencontre avec la petite phrase, il faut au moins Mozart.

– *Fantaisie* ?

– *Fantaisie.*

– Rémineur ?

– Exactement.

– Chaque fois que je vais au cinéma et que je tombe sur Jean Mineur, je pense « *Fantaisie en ré mineur* », c'est l'avantage de n'en connaître qu'une.

– Avantage Mahal. Écoute.

Et de ses doigts alertes, elle se lança dans la sublime et facétieuse fantaisie. Après un début grave, ample, dont la solennité s'amenuise insensiblement comme une vague s'épuise en gouttelettes et retourne au silence, la fantaisie change de pied, devient plus triste et s'ébat au rythme d'une mélancolie déjà hantée par la gaieté, avant, une fois de plus, de se taire tout à fait. Deux faux départs qui, tels des amuse-bouche, préparent le cœur à cinq notes suspendues qui, comme un diamant au milieu du charbon, déjouent la mélancolie, gambadent au milieu du chagrin et se rendent inoubliables avant de disparaître. Ma mère connaissait la *Fantaisie* par cœur mais, dans un souci de bonne élève, elle avait ouvert la partition et je m'amusais, à mesure qu'elle la jouait, à faire comme si je savais la lire. Arrivé aux cinq fameuses petites notes, j'étais ému de penser que la phrase était là, indéfiniment saisissable, reproductible, audible à l'envi, comme un éclair fixé, comme un pur mouvement capturé par la mémoire, comme un distributeur de madeleines. Ma mère avait raison. La musique est plus forte que la littérature. Sans user d'aucun mot, la petite phrase disait que tout s'évanouit, qu'en toute chose il n'y a pas de deuxième fois et que le seul péché consiste à négliger l'instant. Cinq petites notes à l'étrange plasticité, adaptables à la joie comme à la peine, qui donnent le sentiment que tout doit se résoudre en gaieté, qu'on peut sourire à celle qu'on aime à l'instant d'avoir la tête coupée, que la musique est parfois cruelle de n'être pas consolatrice mais qu'elle offre le monde sur un plateau et délivre de sa prison le peuple des pensées. Joie musicale contre les douleurs de la vie. La *Fantaisie en ré mineur*, maîtresse des rhapsodies, c'était la petite phrase par excellence.

– Ça va mieux, la main gauche...

– Tu as raison ! Mais je triche un peu : j'attaque le clavier à la verticale pour donner à mes doigts toute la force de l'avant-bras.

– Ce n'est pas de la triche, c'est de l'adaptation.

– Vrai. Tu sais ce que Boucou avait écrit sur la partition de la *Fantaisie* ?

– Non ?

– « *Hysteria wanted* » !

Son échelle était vermoulue, les barreaux ont fini par s'effondrer sous le poids de sa longue vie. Son tempérament de cigale, ses instincts de flambeur et la cruauté de l'époque ont eu raison de son optimisme légendaire. Il ne s'est pas adapté aux tracasseries, il n'a pas su se défendre, son maigre argent s'est enfui dans les abîmes. Comme une hémorragie qui aurait duré trente ans. À la fin, il relisait ses partitions en soulignant les passages qu'il aimait. Il approchait ses mains du piano, les voyait trembler, n'osait plus les poser sur les touches.

Vers la fin, la musique paraissait l'avoir complètement désertée. Le clavier que j'avais laissé dans sa chambre était à portée de main mais elle ne s'y intéressait plus. Elle montrait même, comme une enfant contrainte, des signes d'agacement quand je lui installais un casque sur les oreilles. Elle qui, tant de fois, avait joué pour ses amies moribondes, elle qui aimait dire qu'auprès de certains malades pour lesquels il n'y a plus d'espoir la musique est la dernière arme, se fichait totalement des CD que j'insérais pour son agrément, et confondait Bach et Mozart tandis que j'essayais de lui déplier les doigts. Moi j'aurais bien aimé que, comme dans un joli film, la musique accomplisse une fois de plus sa fonction résurrectrice, mais non. Il n'y a pas de miracle.

Pourtant, parfois, souvent, comme un coup de tonnerre dans un ciel bleu, alors qu'on avait noué un semblant de discussion, son visage se crispait affreusement comme sous l'effet d'une douleur intense, de grosses larmes, innombrables, lui roulaient sur les joues et elle se mettait à dire des notes à la vitesse d'une main qui court sur le piano. *Ré do si la si do si la sol la ré ré sol fa sol fa mi fa sol fa mi ré mi fa mi ré do ré...* Ma mère malade ne pleurait pas à moitié. Elle était toute *dévisagée* par la douleur. Douleur ? La démence prend si volontiers ce visage qu'on en vient à douter de ce qu'il raconte. Comme trop d'appels au loup découragent la vigilance, trop de crises me dissuadaient, au bout d'un moment, de m'en inquiéter. Je les laissais passer comme un enfant courbe l'échine en espérant que l'engueulade ne durera pas. Et puis, à la façon des orages qui ménagent un ciel radieux, les crises étaient suivies d'accalmies délicieuses où nous retrouvions les mots, et inversement.

Do si la sol la ré ré Mi fa mi ré do ré mi ré do si la Ré do si la si Do si la sol la ré ré Ré do si la si do si la sol la ré ré sol fa sol fa mi fa sol fa mi ré mi fa mi ré do ré... Mélodies cachées, mélodies incontestables, que, de retour à la maison, je retrouvai d'un doigt. Pourquoi, ces mélodies-là ? Qu'essayait-elle de dire ? Elle était devenue étrangère à la musique, et pourtant elle parlait en notes. De qui étaient ces notes ? Était-ce la petite berceuse que son père avait composée pour elle et dont je ne retrouvais plus le carnet ? Les rescapées de soixante-cinq ans de pratique et d'amour, les survivantes d'un cœur naufragé ? Voulait-elle dire que la musique survit à tout, et persiste à se faire entendre dans l'affaissement général ? Était-ce une langue enfouie ? Un message codé ? J'imaginais volontiers que j'étais, comme Miguel dans *Coco* – le jeune guitariste qui ramène du pays des morts la mélodie que son arrière-grand-père n'avait pas pu offrir à l'amour de sa vie –, mandaté par ma mère pour sauver du désastre les chants qu'elle m'offrait en panique. Ou bien je me disais, en lecteur de Jankélévitch, que la vie est incorruptible et que les destructions portent en elles une richesse insoupçonnée. Ou j'invoquais Spinoza (et l'exemple de l'aveugle qui ne se plaindrait pas de son état si la vue manquait à tous les hommes) pour contrebalancer l'idée du vieillissement par celle du changement, voire de l'évolution, célébrer la valeur incomparable de chaque état de l'existence et le sentiment que chacun est riche d'une certaine poésie qui lui ressemble. Ou encore, quand j'étais de bonne humeur, je me plaisais à penser que ces bouffées délirantes musicales étaient une façon, pour ma mère, de mettre en œuvre sa propre métaphysique, si délicate et *spirituelle* qu'elle culminait volontiers dans l'abandon des mots au profit de la musique, et qu'en somme, tel un maître zen qui pousse la cohérence jusqu'à se taire et prendre congé des siens, ma mère, en substituant les notes aux mots, portait à incandescence ce qu'en d'autres temps elle eût appelé « la beauté du geste ».

J'aimais l'idée qu'elle mît en œuvre sa passion pour l'ineffable et les évidences silencieuses en faisant de la musique l'ultime raffinement du langage. Elle-même ne disait-elle pas de son père, avec tendresse, qu'il parlait peu, qu'il n'utilisait les mots qu'avec parcimonie, qu'il préférait s'exprimer en musique ? Hormis la poésie, Pitou, son père, au regard si doux, ne faisait guère confiance au langage qui, « contrairement à la vaste palette de couleurs offerte par les sonorités, lui semblait simpliste et plat, tel un instrument auquel manquerait la caisse de résonance »... Entre le geste et les mots, ajoutait-elle, une part de réalité se perd, peut-être l'essentiel. Seulement, en temps normal, bien qu'avisée que transcrire une évidence, c'était déjà l'affadir un peu, ma mère ne perdait pas une occasion de fixer en phrases l'intuition qui la hantait. Désormais, si malade qu'elle en perdait ses mots, j'aimais penser qu'elle renouait avec l'autre elle-même. Sous réserve d'un silence reconquis, nous entendrions chanter au fond de nos âmes, écrit Bergson, comme une musique quelquefois gaie, plus souvent plaintive, toujours originale, la mélodie ininterrompue de notre vie intérieure...

La réalité était moins flatteuse.

Les notes n'étaient vraisemblablement pas la fine pointe de sa pensée, ni les pépites qu'on a préservées de la catastrophe. Juste un délire que j'essayais d'embellir en lui trouvant un sens.

Mais, dans mon désarroi, face à elle qui, le visage tordu, proférait des notes à toute vitesse, j'avais au moins trois certitudes.

D'abord, délire ou non, les notes n'étaient pas là par hasard. Elles composaient, chaque fois, une mélodie différente, mais une mélodie. J'aurais donné n'importe quoi pour avoir continué les cours de piano qu'elle m'imposait dans l'enfance. Trop tard. Je ne suis pas musicien. La langue favorite de ma mère, sa langue natale, son alphabet fondamental, j'y suis étranger. Passé le *sol* et le *do*, je n'y vois plus clair. Les notes, c'est du chinois. La grande affaire de ma mère est ma grande inconnue. Ces chefs-d'œuvre, je n'y entends que dalle. Je ne suis qu'un fils qui ne sait pas quoi faire des milliers de partitions muettes dont chacune a été déchiffrée, dépiautée, rabâchée, abandonnée, ressuscitée, travaillée en rêve. J'entre dans le monde de ma mère, légat de sa mémoire, comme un Français venu au Japon récupérer les trésors inestimables mais imbitables, dont il vient d'hériter. Je suis l'étranger parfait, dont les rudiments se limitent à la clef de *sol*, comme un Occidental se satisfait d'apprendre à dire « bonjour » et « merci » dans la langue du pays où il possède un deux pièces. Je peux conserver ce trésor, mais je ne peux pas le lire. Il signifie tout mais il n'a aucun sens. La bibliothèque musicale de ma mère lui a été transmise par son père, et elle est en hiéroglyphes pour moi. Je n'ai pas appris à transformer les notes en miel. « Peut-être est-ce parce qu'il ne savait pas la musique qu'il avait pu éprouver une impression aussi confuse, écrit Proust à propos de Swann, une de ces impressions qui sont peut-être pourtant les seules purement musicales, inétendues, entièrement originales, irréductibles à tout autre ordre d'impressions. » On se console comme on peut.

Deuxième certitude : le délire musical de ma mère faisait moins penser au raffinement d'une intuition dont on extrait le suc qu'au geste désespéré de celle qui tend la main pour se protéger d'une balle. On eût dit un cœur réagissant à l'assaut final de l'ennemi avec les maigres défenses qui lui restent, et qui ferme ses petits poings face à l'agresseur surpuissant. Ma mère n'était absolument pas prête pour la maladie. Qui a pris ses quartiers en elle sans aucune peine. Qui l'a détruite comme l'Allemagne a mangé la Pologne. L'édifice subtil d'espoir, d'effort, de lecture, de tendresse et de musique qu'elle comptait opposer à la démence a été balayé comme les tanks ont écrasé des chevaux. Le trésor de sa mémoire a été pulvérisé, avec les outils pour s'en saisir. La chambre d'amour est devenue une chambre d'Ehpad. La réalité a atomisé le rêve. On ne demande pas à un albatros encombré par ses ailes de combattre un taureau.

Troisième certitude, d'une certaine manière apaisante : ce n'est pas à moi qu'elle chantait tout cela. Quand ma mère plissait le visage et se mettait à parler en notes, je me sentais comme un témoin plus que comme un destinataire. Au spectacle de sa folie s'ajoutait le sentiment, qui désempare et rassure à la fois, d'être sorti du jeu. Si elle s'adressait alors à quelqu'un, c'est évidemment à son père, le fils de la Belle Époque, son premier professeur, son meilleur souvenir, seul apte à partager la musique avec elle, seul maître après Dieu de l'auberge de Vaucresson, dite La Brésilienne, où elle avait passé le plus clair de son enfance, et dont elle décrit les grandes fêtes musicales dans *Crescendo*. « Le piano au centre de la maison. La musique au cœur de la vie », disait-elle, pour résumer la vie là-bas. J'en ai fait son épitaphe car, en un sens, elle n'est jamais partie de la grande maison. C'est là-bas que tout a commencé, là-bas qu'on l'a reconnue, qu'elle est sortie de la clandestinité, et qu'elle a été heureuse d'un bonheur sans mélange. Ma mère a toujours caressé le rêve d'une famille élargie, d'un château assez grand pour accueillir les gens qu'on choisit, les gens qu'on croise, et aussi les fantômes qui étaient si importants dans sa vie. Un château qui ressusciterait les soirées de La Brésilienne où son père accueillait les invités en prince-de-galles tandis que sa Mary-Louise préparait en cuisine les pâtés de poulet au poivron, et où des instrumentistes flanqués de leur moitié débarquaient avec des hautbois, des clarinettes et des bassons. La musique, pour ma mère, est un lieu, l'espace atopique de la joie qui demeure, où l'on retourne un peu chaque fois que les notes prennent la parole. La musique, c'était son *moyen de transport* qui, tantôt, la ramenait à Vaucresson, tantôt faisait la navette entre les continents, tantôt réconciliait le corps et l'esprit, comme le geste et la pensée. Ravissement, nostalgie, ubiquité.

Pour le pire et le meilleur, ma mère en est restée toute sa vie à cet invincible été, et ce bonheur sans faute, dont il reste quelques photos mais aucun enregistrement. À l'époque, ma mère (qui n'avait pas huit ans) accompagnait son père, Pierre, au piano, *et le temps s'est arrêté là-bas, quelque part entre la glycine et les trilles, entre la saveur et l'extase, un samedi en la majeur de mon enfance perdue, étoile lointaine. L'école est finie, la Fiat jardinière a disparu, le vieux chien Arco a rendu l'âme dans la cuisine, le grand orme est mort d'une épidémie, et Papa n'est plus là, mon Papa n'est plus... Il nous a laissé sa musique, joie qui demeure, jardin des délices, divin bavardage...* Ma mère était l'ambassadrice d'un pays disparu, mandataire d'une joie qui ne passe pas, hôtesse d'une fête éternelle. Et c'est de là qu'il faut partir, de ce bonheur indicible, de cette note continue, de ces années qui n'étaient pas d'insouciance et qui avaient leurs soucis (elle avait déjà remarqué, par exemple, que les sourires s'évanouissaient un peu trop vite tandis que, progressivement, le pli de la bouche se muait en un tracé d'amertume) mais où la musique régnait sans partage. C'est là que sont nées ses deux passions fondamentales : la joie d'un côté, la nostalgie de l'autre. L'été musical quoi qu'il arrive, et l'hiver dans l'existence. Un bonheur invincible et une tristesse déraisonnable. Dans un même cœur. Il faut inlassablement en revenir au monde clos que formait le duo de deux grands distraits et de leur fille joyeuse dans une jolie maison de campagne, pour comprendre quelque chose à ma mère et ses peaux de chagrin. Elle y a puisé toute son énergie, sa gaieté, son infatigable capacité à redevenir enthousiaste malgré les contrecoups de l'existence et le ratage de l'essentiel de ses entreprises, comme sa mélancolie, l'amertume qui frappait sans prévenir et le fond de tristesse qui n'a jamais quitté son regard. C'est là qu'il faut en revenir, à ces années d'insouciance, aux dahlias, aux rhododendrons, aux framboisiers du jardin, aux primevères épanouies dans un tronc creux et aux fleurettes insensées que donnait un pommier nain. Il faut en revenir à l'éden joyeux qui succédait à l'épreuve de la clandestinité pour toucher du doigt l'énigme de sa joyeuse tristesse, de sa triste gaieté, de ce cœur délicatement couvert d'une couche de cendres, d'un chagrin qui aurait perdu sa cause, dont elle ne guérissait qu'en jouant les morceaux intacts dont tous les interprètes sont morts. Le piano, c'était son expérience de l'éternité. Et son père au bout des doigts. Une même nostalgie nous hante, disait-elle, un même désir nous obsède. Il est urgent d'y céder.

En arrivant, je me passais les mains sous l'eau tiède, puis je m'asseyais au piano et j'attendais, en sachant que je ne devais pas effleurer les touches, quel que soit mon désir de le faire, pendant que Boucou préparait son tabac et s'installait dans sa chaise en toile de cinéaste, à côté de moi.

Boucou, c'était donc André Boucourechliev, un ancien virtuose bulgare, qui avait obtenu en 1948 le Grand Prix du concours national grâce à son interprétation du *Capriccio en do mineur* de la deuxième *Partita* de Bach, et qui en avait profité pour s'exiler en France où il était devenu compositeur et professeur, notamment de Roland Barthes. C'est à Sienne que ma mère avait fait la connaissance du génie dont l'oreille absolue lui permettait, disait-on, de parler six langues sans accent, au cours d'un été où, pour la première fois, j'avais fait sécession en m'arrangeant pour qu'Isidore et ma mère me renvoyassent chez mon père avant même d'arriver en Toscane.

Avec Maurice Martenot, Hélène Boschi, Gabriella Torma ou Ethery Djakeli (qui a changé radicalement sa façon de jouer en lui apprenant à utiliser les pouces), Boucou complétait la liste des grands interprètes, des voix précieuses qui avaient pris sous leur aile une jeune fille éternellement indécise pour faire d'elle une exquise interprète sans ambition mais capable de faire chanter le piano. Ma mère était passée du statut d'excellente élève qui pianote à la surface du clavier et qui, à force de leçons, produit une purée sonore de bonne facture à celui d'interprète qui comprend, du bout des doigts, que chaque note est singulière tout en étant reliée aux autres, et qu'il faut trouver la continuité sans abuser de la pédale ni compenser le silence par la virtuosité du legato, cette manière qu'ont les doigts, disait-elle, de se succéder comme à regret.

Boucou lui apprenait l'économie des gestes, la nécessité d'être ferme autant que légère et de jouer « au milieu de la touche ». Et elle progressait rapidement, émerveillée de se voir bondir d'octave en octave sans regarder le clavier. Elle qui travaillait avec nonchalance, enjambant volontiers certaines difficultés, paresseusement persuadée qu'elle y reviendrait plus tard, se faisait reprendre par le maître et son oreille implacable : « Il n'y a pas de prochaine fois ! Pour attraper ce *fa* dièse, il faut le désirer ! »

En vérité, ma mère expérimentait au piano les vertiges d'un temps à l'état pur. Elle avait compris qu'une mélodie est une affaire sérieuse et qu'une fausse note est comme une fêlure dans un vase chinois. Et, soucieuse de corriger le passé, se souvenant soudain que, quasi rituellement, dès la quatrième mesure d'une fantaisie de Schubert pour quatre mains qu'elle jouait avec son père, alors qu'elle était en charge de la page de gauche, un *ré* bécarre funeste lui venait sous les doigts au lieu du bémol attendu, elle avait écrit, soixante ans plus tard, « attention au *ré* bémol » au sommet de la partition.

La continuité pianistique est versicolore ; après avoir travaillé avec Boucou, ma mère s'est mise à donner des couleurs aux notes, dans un exercice de transposition synesthésique qui comblait son double cœur et faisait d'elle, au passage, une praticienne du spiritualisme français, convaincue que les objets sont masqués par leur nom, alors qu'elle avait à peine ouvert un livre de Bergson.

On trouve un écho des conseils de Boucou dans les leçons d'écriture que le scribe adresse à Nilatea dans son roman *Passage de l'ange*, où elle décrit, sur des pages entières, la façon dont l'élève docile calligraphie les caractères en respectant les blancs, et se concentre sur chaque lettre comme si elle devait n'en écrire qu'une seule.

Il faut dire que ma mère a appris la musique comme Montaigne apprit le latin ou comme le jeune Marcel ne voyait pas la nuit tomber quand il lisait un roman sous un arbre. Insensiblement. De plaisir en plaisir. Au cours d'une année d'initiation musicale, sous la houlette de Ginette Martenot, dont l'enseignement reposait sur les jeux, les chants, les danses, avec abus des cartes magiques où étaient notées gammes et intervalles, de manière à conquérir le savoir sans douleur, presque sans y penser. Tel un Spinoza musicien, dont le progrès vers la connaissance ne suppose aucune ascèse mais seulement l'addition des plaisirs, ma mère en avait retenu l'idée que, bien transmis, le solfège n'est pas une théorie desséchée, mais un escalier vers le ciel, et la vertu collatérale d'un juste emploi des métaphores : « Les débutants, disait-elle, peuvent brûler les étapes si l'on songe à leur dire qu'ils sont là pour extraire la musique du fond des touches, pour faire sortir la musique de l'instrument et non pour la faire descendre d'en-haut. Cette pensée, s'ils la gardent à l'esprit, induit spontanément un toucher sensuel et profond, qui développe la puissance et facilite la mémorisation. » Parler directement au cœur de ses rares élèves, voilà sa méthode. La grammaire et le solfège sont des effets collatéraux de l'amour. Au lieu d'en décourager la recherche en s'imposant d'emblée, la discipline vient augmenter la joie.

Crescendo, c'est le nom qu'elle donnait au principe de continuité qui se fait entendre sous l'enveloppe contiguë de notes qui se succèdent, et le don d'une brassée de connaissances à chaque morceau conquis. « La musique n'est pas faite pour exprimer des émotions, mais pour les engendrer », disait Boucou, en élève de Frenhofer, le peintre imaginaire de Balzac, qui disait à Porbus : « La mission de l'art n'est pas de copier la nature, mais de l'exprimer ! Tu n'es pas un vil copiste, mais un poète ! » À force de jouer, à force d'être fidèle, à force de travailler, ma mère ne voyait plus une sonate de Beethoven, mais Gloria Swanson dans *Sunset Boulevard*, et telle pièce de violon lui paraissait un ange qui cisèle des volutes indécises sur un fond céleste. Le pianiste, disait-elle, c'est un *polygamme*.

Un jour, reprenant une fantaisie de Schumann qu'elle n'avait jamais réussi à jouer, elle tomba, bouleversée, sur les conseils que Boucou, mort depuis quinze ans, y avait discrètement déposés. Des paroles simples et éloquentes au-delà de toute technique : « Les thèmes échangent leurs personnalités... Ici, embrasement... Un cri, mais comme une évocation heureuse... ici, voix off... C'était Clara... Thème rayonnant comme une Lune... » Indications poétiques, legs vivace d'un mort, qui, pour elle, étaient un double trésor. L'écrivaine y puisait le sentiment que les mots survivent à leurs auteurs et renaissent par la grâce d'un regard, tandis que la pianiste, recevant son dernier cours, s'identifiant à Clara Schumann chaque fois qu'en jouant elle tentait de retrouver les mains de son père et leur parfum d'amande douce, reprenait la fantaisie avec un appétit décuplé. Pour une gardienne de la mémoire, pour une Esther du peuple des pianistes, quoi de mieux qu'un geste d'outre-tombe ? Quoi de plus vivant qu'un vieux conseil qui serait resté lettre morte si elle ne l'avait pas exhumé ?

L'avenir est un tombeau ouvert en forme de question sans réponse.

« Pour moi, tout va bien. » C'est avec cette phrase que le docteur Rollin renvoya ma mère chez elle, après une opération du genou droit. Or, objectivement, tout n'allait pas bien. Ma mère était en train de perdre la tête, son autre jambe était toute raidie par le parkinson ; à tous égards, le choc opératoire était dévastateur pour son petit corps. Tout cela n'importait guère au docteur Rollin, un homme charmant, souriant, courtois, exclusivement focalisé sur sa zone d'expertise. Si on lui avait demandé de soigner le genou d'un mort, il aurait rendu sa copie en disant « pour moi, tout va bien ».

Quand je songe à cet affable médecin et au souvenir aigre-doux qu'il m'a laissé, je me dis que les chirurgiens n'aiment pas les malades, qu'ils ne sont pour eux qu'une matière endommagée, et que leur tâche consiste uniquement à changer un rouage sans se soucier des effets de leur intervention sur le corps en miettes ou l'esprit vacillant de leur patiente. On ne dira jamais assez les ravages de la parcellisation du corps, de ces spécialistes réduits à leur spécialité, qui ne voient dans le sujet endormi qu'ils ont sous les mains qu'un Meccano temporairement défaillant. Résultat : ma mère fut renvoyée chez elle avec un genou tout neuf par le docteur qui n'avait pas pris la peine de se dire que son autre jambe était déjà raidie par le parkinson, et lc lendemain, elle se prenait les pieds dans le tapis et se brisait tous les os du bassin, inaugurant une longue descente aux enfers, loin de chez elle, d'hôpitaux en centres, de centres en Ehpad jusqu'au cimetière, ponctuée de chutes vertigineuses et de stases anxieuses.

Il y a pire.

Quelques mois plus tôt, au début du Blitzkrieg, quand la distraction faisait encore concurrence au Parkinson, doutant qu'elle songeât elle-même à s'y rendre, je l'avais accompagnée chez sa médecin traitante. Madame E... La peste l'étouffe, celle-là.

Le rendez-vous était fixé à dix-sept heures trente, nous étions fin novembre et ma mère était, ce jour-là, extrêmement fatiguée. Toute initiative - s'extraire du canapé, enfiler son manteau, prendre l'ascenseur - lui paraissait une épreuve insurmontable. De mauvaise grâce, son pied gauche a mis plus d'une minute à décoller du sol. Puis il fallut marcher deux cents mètres pour monter dans le taxi qui s'était trompé de rue, et marcher encore pour trouver l'entrée du cabinet, avant de nous écrouler, ponctuels et emmitouflés, dans la salle d'attente sans chauffage, elle épuisée par ce périple et moi crevé d'avoir veillé sur elle à chaque instant du voyage, compilateur impatient des tâches qui m'attendaient quand je serais de retour à la maison.

Il était dix-sept heures trente, donc. Nous étions à l'heure. Mais il y avait six personnes dans la salle d'attente quand nous arrivâmes. C'étaient les six patients qui nous précédaient. Que madame E..., la mort la saisisse, venait tranquillement chercher l'un après l'autre, tous les quarts d'heure.

Pour prendre notre mal en patience, je remarquai que nous étions le 23 novembre, date sacrée du *Mémorial* de Pascal, un texte que son auteur chérissait au point de le coudre dans sa manche alors qu'il ne contient aucune phrase de lui. Je dis à ma mère que, de saint Augustin à Rimbaud en passant par Pascal et Rilke, il existait un lien souterrain entre ces penseurs de l'altération, ces aventuriers de l'être-en-autrui, ces théoriciens de l'intimité comme altérité qui, quand ils fouillent en eux, découvrent d'autres voix, ou d'autres lois que la leur... J'espérais follement susciter l'une de ces fameuses discussions sans fin où elle pouvait sortir de ses gonds au nom de l'argument ontologique. Mais hébétée, ahurie par tant d'attente et ce froid qui nous tuait à petit feu, ma mère ronflait la bouche ouverte et les yeux révulsés.

Pour ne pas m'arrêter à cette image, je me mis à songer à tous ses visages. Son visage d'enfant mutine et constamment souriante, ouvrant une bouche démesurée à la moindre occasion, ou bien son visage radieux de femme accomplie, qui me dit, de tout en haut, « aujourd'hui, j'ai trente ans », le visage de l'ingénue qui manipule pour la première fois les pièces d'un jeu d'échecs, ou de l'attachée de presse sublime qui s'était fait virer de Gallimard pour avoir reçu Raymond Aron en petite jupe, son visage goguenard de quadragénaire aux cheveux permanentés qui porte des sandales et fume la pipe, son visage épanoui de quinquagénaire amoureuse de nouveau, à qui de longs cheveux lisses et des pantalons larges donnent un air de hippie sur le retour, son visage bienveillant de dame rondouillarde, pétrie d'amour et de solitude, son visage désolé de grande coupable, qui ressemble à celui de mes garçons quand l'un d'eux mouille son lit... Je ne connaissais pas encore son visage de malade, son visage tordu, douloureux, silencieusement hurlant, son visage méfiant et fou, aux yeux rougis par la douleur et les médicaments, ni son visage ravagé par les larmes, ni son visage perdu, collé à son épaule, inlassablement baveux, ni l'ultime visage, son visage de cadavre avant l'heure que, par manque de force et non par pudeur, elle cachait dans ses genoux.

Enfin, la docteure – la lèpre lui ronge les extrémités – nous héla.

Je réveillai ma pauvre mère.

Nous entrâmes dans son petit cabinet.

Elle ne dit ni bonjour, ni même salut, ni « désolée pour l'attente » ou quelque chose de ce genre.

« Madame, avez-vous votre dossier médical ? » demanda-t-elle sur un ton sévère à ma mère, qui ne savait plus ni où elle était ni qui lui parlait, dont les yeux sortaient à peine de la révulsion et qui, pour la première fois, laissait échapper un filet de salive de sa bouche entrouverte.

Calmement, poliment, je répondis que non. Ma mère, distraite, malade, qui avait oublié jusqu'à la tenue de ce rendez-vous, n'avait pas pris son dossier médical. Dieu lui pardonne.

Dieu, c'est une chose. Madame E..., une autre.

– Madame, répondit-elle sur un ton d'institutrice empalée, tout patient est censé apporter son dossier médical à son médecin traitant.

Ma patience de patient était à bout. Il faut comprendre. Aux deux seuls échanges que nous avions eus s'ajoutait l'heure et demie d'attente dans un igloo. J'étais chauffé à blanc.

– Madame, vous nous recevez avec quatre-vingt-dix minutes de retard sans le moindre mot d'excuse ou de regret, vous nous accueillez dans votre bureau sans le moindre mot de bienvenue, ma mère est absolument épuisée, et tout ce que vous trouvez à dire, c'est lui reprocher d'avoir oublié son dossier médical ? C'est invraisemblable, c'est indigne, et c'est ignoble.

– Monsieur, si vous continuez, il va y avoir un incident.

– Madame, il y a un incident, vous n'êtes pas médecin, vous êtes un monstre, je n'ai pas de mots pour qualifier une telle attitude, une telle suffisance, une telle indifférence pour ses malades. On s'en va, et on ne reviendra pas.

– Si vous revenez, je porterai plainte.

– Madame, sauf votre respect, allez vous faire enculer par un parapluie ouvert.

Incontestablement, l'heure était venue pour nous de quitter le cabinet. Malheureusement, la jambe de ma mère n'était pas du même avis. Et elle mit quelques immenses secondes à entamer sa marche, pendant lesquelles l'atmosphère était tellement saturée d'engueulade que les choses auraient pu physiquement dégénérer si madame E..., l'acide lui bouffe les entrailles, avait osé s'approcher de nous. Heureusement, elle se tint, prudente et furieuse, derrière son bureau, tandis que j'aidais seul sa patiente à reprendre ses esprits et ses petites affaires. Pour finir, nous partîmes comme des princes, clopin-clopant, non sans adresser un doigt d'honneur à cette absolue connasse et, à travers elle, à tous les médecins sans cœur et sans visage.

Tout en déposant mon manteau sur ses épaules pour éviter qu'elle congelât tandis que nous attendions le taxi, je pris la mesure du calvaire qui nous attendait. Quel médecin traitant allais-je lui trouver, maintenant ? Comment ma mère, seule, désemparée, malade et surendettée, allait-elle passer l'hiver, puis le printemps ? Combien de catastrophes nous préparait-elle ? À combien de malheurs inattendus faudrait-il réagir dans l'instant ? Je pensai à ma sœur, ma sœur courage, dévouée, généreuse, forte et faible comme moi. Le poids du monde reposait sur nos épaules d'enfants.

Seule l'écriture peut vaincre la malédiction : tu vivras à côté de ta vie.

Ma mère n'était pas faite pour être malade, c'est peu de le dire. Elle était fragile, désorganisée, perméable aux arnaqueurs, inapte à la paperasse, et elle vivait seule. Une âme parfaitement candide qui, comme sa propre mère, Américaine égarée dans la France de l'après-guerre, traversait les ouragans le nez au vent sans jamais savoir où se mettre ni quoi répondre, incapable du moindre soupçon, étrangère à la défiance, hermétique à la fausseté comme aux manœuvres, cœur de cible pour les salauds, les voleurs, les faux gourous, les demi-artistes, les parasites et les hypocrites.

Ma mère était un génie modeste, une philosophe timide et une pianiste hors pair qui menait la vie d'une mendiante de l'amour, dont il suffisait de combler le besoin de parler à quelqu'un pour la dépouiller du peu qu'elle avait. Elle aimait se faire discrète jusque dans la rue où elle veillait à sourire à chacun, à longer les foules, à se planquer dans les marges, à tromper l'envie de s'adresser au premier venu en contemplant les vitrines ou bien à tromper sa solitude en jetant son dévolu sur le premier venu, comme certains animaux trompent la faim en ingérant du sable. Chaque rencontre était pour elle comme un retour de voyage. Il faut imaginer cette femme égarée et malade, qui tue le temps, qui promène sa dépression, le cœur percé par ses fantômes, qui se sent personne au milieu de la foule, qui tente une ou deux discussions puis qui rejoint le funiculaire dans un manteau beige orné d'une écharpe noire de soie bon marché à motifs ondoyants, partagée entre l'envie de tout dire à tout le monde et une peur instinctive qui lui coupe les ailes, pareille à une fleur fragile qui hésite à montrer son pistil. *J'existe malgré tout. Le plaisir m'est donné. Le travail m'appelle. Les objets me sont moins hostiles. Je souris en marchant seule dans la rue.*

Elle s'était mise à ressembler à sa propre mère, de façon stupéfiante. À la période de sa vie où, si triste de l'avoir perdue, elle en est elle-même tombée malade. Et où la maladie fut longtemps recouverte par l'adoption des manies de Mary-Louise, de son sourire, de son embonpoint et, surtout, de son incurie légendaire qui, mêlée à l'étourderie de sa fille, fit de ma mère, pour un temps, l'être le plus distrait du monde.

Comme le lui reprocha mon père d'un ton désespéré le jour où elle avait négligé de retirer mes langes du radiateur alors qu'ils recevaient la visite de Pierre Nora, ma mère n'avait pas exactement « le sens des situations ». Il s'agit d'une infirmité répertoriée, disait-elle pour sa défense, convaincue, en vertu d'une étrange malédiction, de s'être toujours trompée d'époque et de n'être jamais sur le bon quai quand déboule le train de l'Histoire, à Bruxelles en mai 1968, loin des barricades et de la rigolade, réduite à écouter RTL depuis sa chambre de grand hôtel et à manger des carrés d'agneau sous le regard indulgent de banquiers aux joues rouges, en Crète le 11 septembre, loin de la télé comme du téléphone, en Guadeloupe le 21 avril 2002, loin de la capitale en ébullition, toujours à côté de la plaque, décalée jusqu'à l'os.

Quand les filles de quinze ans soulignaient leur paupière supérieure d'un trait d'eye-liner pointu et relevé vers la tempe comme une petite flèche noire, elle écarquillait des yeux nature dont le seul fard était un étonnement perpétuel. Déjà.

Elle se sentait perdue, malade et inutile, elle promenait son ennui dans le quartier où ses enfants n'habitaient pas. La situation n'était guère prometteuse. Mais cette marginalité l'a préservée de toutes les folies du siècle et l'a vaccinée contre la croyance et l'idéologie, contre tout engagement inconditionnel, toute pensée unique ; l'infatigable curiosité pour un monde qui n'était pas là pour lui faire plaisir l'a protégée du militantisme. Ma mère ne savait pas être bête malgré des crises d'enthousiasme. La sottise était neutralisée par l'ouverture d'esprit. Elle savait ce qui la retenait d'appartenir tout à fait au groupe des autres, elle connaissait l'imposture des visions du monde unilatérales et, hormis la maladie, aucun désarroi n'entamait l'intérêt fabuleux qu'elle témoignait aux êtres et aux choses, qui lui donnait parfois la certitude de voir un médaillon sous un visage, ou bien, sans lire sur les lèvres, d'entendre les conversations à distance. *Je ne suis qu'un voyageur, un modeste amant de la sagesse, qui n'appartient à aucun pays et que nulle doctrine ne peut enfermer... je ne me suis jamais installée à demeure dans une forme de pensée, dans un système, car je suis incapable de marcher au pas et ne rapporte de mes pérégrinations aucune certitude, sinon celle de la longueur du chemin.* Bref, elle aimait la vie, malgré la solitude. Malgré Artaud, malgré *Shoah*, malgré Dante. Et elle ne connaissait rien de plus urgent que de sauver, sous la forme d'une présence fugitive entre les lignes, les fantômes et les humains qu'elle avait croisés dans la journée. *Que nous reste-t-il de l'aventure quotidienne ? Quel souvenir de nos tartines, de nos maladies, de nos institutrices ?* Combien d'années d'études, combien de vies faut-il pour être aussi sage que cette gentille dame, discrète locataire de l'existence, clandestine du vent, omnisciente, artiste jusqu'au bout des doigts, qu'on flattait quand on l'interpellait pour lui dire « t'as de beaux restes », prématurément vieillie par un mal vicieux, qui comprenait si bien les choses et qui arrangeait si mal sa vie ?

Car de retour à son bureau, ou devant son piano, gavée d'inconfort et d'abandon, quand elle posait enfin son sac et déployait ses ailes, ivre de vide, visitée par le monde entier, porte-parole des gens sans amis, convaincue que certains volcans parviennent encore à cracher du feu à travers leur museau blanc, avisée que, dans un monde en ruine, le plus court chemin d'un cœur à un autre passe par le fond de l'âme, l'albatros prenait sa revanche et, d'un vol de plume, depuis son établi, conjurait des incendies, mélangeait des fragments, peignait les arbres qui reculent dans la brume, s'attardait sur l'or qui traverse le store de son salon, revenait sur l'obsession pour un visage inconnu, s'interrogeait sur la hargne qui vide les gestes de leur force... tout en surveillant la montée d'une angoisse résiduelle. Ma mère, c'était un écrivain. Une force centripète qui faisait tenir ensemble tout ce qui veut s'éparpiller, qui passait par la Renaissance, Capra, la Kabbale, Pic de la Mirandole, le linéaire B ou Jean-Sébastien Bach, avide de la formule adéquate, et ciselant ses textes, ou ses morceaux, à la façon de l'orfèvre chargé de concevoir un anneau magique. La vie délicieuse, les murs ocre, les rosiers au balcon, l'ombre des pins parasols, mais encore ? *Rien n'est plus affolant que les souvenirs disloqués, fragments de mémoire suspendus dans un océan d'oubli. Signaux, systèmes, galaxies. Entre eux, le vide.* Écrire. Toutes ces paroles échangées ou non, offertes, répandues comme l'eau de la fontaine. Fixation de l'infime. Collages. Mémoire, douleurs, jalousies, confusion des langues et choix des instants pour leur beauté anonyme et évanescente. Écrire contre les illusions tenaces qui font l'amertume des veuves, écrire pour éclairer l'intérieur de soi, comme on promène une torche dans de vastes salles sans fenêtres, laisser la douleur faire son travail, traverser la maladie de l'âme, aller jusqu'au point de non-retour où l'espoir évanoui cède la place à la joie. *L'écriture*, assurait-elle, *est faite pour nous, les lents, les pataudes, les inadaptés, les gaffeurs, les timides, elle nous permet de mesurer nos paroles, de trouver enfin la réplique cinglante, de freiner nos impulsions, de cacher nos ridicules, de rendre comestible cet infâme brouet qui nous sort des tripes. L'écriture, ça sert à dégueuler poliment, sans trop gêner les voisins.* Ne surtout pas fermer les yeux. Interroger le caniveau, le reflet de l'immeuble d'en face dans la vitre, le boulanger, la couleur des chaussures, le murmure des moteurs, la mousse sur le café tranquille, écrire au hasard comme on se verse du rosé, remplir l'instant à ras bord. Tant que la plume trace ses petits oiseaux à pattes noires sur la feuille, l'angoisse est tenue en respect.

L'air emplumé fait escale à la butte Montmartre, un arc-en-ciel évasif suspend la décrue du printemps, la rumeur automobile étire de longs soupirs, des silhouettes éphémères croisent aux devantures les fragments de leur apparence, jupes, chevelures, magazines, pudeur, reflux, détails en déroute, une orchidée sourit à l'encolure du vase.

C'est une journée comme les autres.

C'est le plus grand danger. Le plus intime. Le danger de destruction de la personnalité. Comment pourrais-je donc oublier d'aimer ? Comment pourrais-je cesser d'être moi ?

La mère de ma mère, Mary-Louise, fille d'Ina, elle-même dernière des neuf enfants de William Sanford et Angelina Rider, débarquée à Paris en 1947, est morte dans les bras de sa fille après avoir été rapatriée *in extremis* de Denver où, comme elle vivait seule, nul n'avait jugé bon d'avertir sa fille qu'elle avait complètement perdu la tête et qu'elle était atteinte d'un cancer du pancréas en phase terminale. Quand ma mère avait obtenu qu'elle revînt en France, d'où elle était partie en 1983 pour fuir les créanciers de son mari, il était bien trop tard pour qu'on profitât d'elle une dernière fois. D'abord hostile, obstinément endormie, elle s'éveillait de temps en temps pour demander qu'on la conduisît aux toilettes, ou bien à visiter la tour Eiffel. Et ce fut à peu près tout jusqu'à l'agonie, où je la vis se tordre de douleur sur un lit de l'hôpital Bretonneau pendant trois jours. Bretonneau, le mouroir de Paris, l'hôpital des gens qui crèvent seuls alors qu'en principe ils ne le sont pas, où j'ai connu tant d'amis déjà qui, du jour au lendemain, passaient d'une vie de plaisirs à la barre de maintien et disparaissaient dans l'indifférence de leurs enfants.

Grâce à ma mère qui avait organisé son rapatriement, Mimi ne mourut pas seule, mais entourée d'une famille dont elle avait oublié l'existence, et qui l'importunait entre deux spasmes. Quelle différence ? « *Thank you, Dean* », me disait-elle, et j'avais le cœur serré en songeant à Dean, son dernier ami, qui veillait sur elle, lui faisait les courses, alors qu'il souffrait lui-même d'une dépression aiguë du système immunitaire. La cancéreuse amnésique et le sidéen devaient avoir leurs bons moments quand il lui apportait sa nourriture et qu'elle se mettait aux fourneaux.

Plus triste encore était l'idée de son dernier amant, Charles, son dernier homme marié, qu'elle aimait plus que tout, dont elle guettait passionnément l'appel quotidien (qui ne manquait pas) quand elle passait deux semaines à Paris, dans le grand appartement de la rue de l'Ancienne-Comédie, et que, déjà, elle se sentait étrangère en ce pays où elle avait passé trente ans, étrangère en cette famille qui n'était que la sienne et où son homme n'était pas. Mimi était plus âgée que Charles, qui était plus âgé que son épouse, mais « *she wasn't good at bed* », me disait fièrement ma grand-mère, en experte. Deux fois par semaine, ils avaient rendez-vous. Elle vivait seule et n'attendait que lui, qui vivait en famille et n'eût jamais pris le risque de s'exposer. Où se retrouvaient-ils ? Dans quel hôtel ? Peut-être venait-il chez elle ? South Aurora Kalispell ? Et pourquoi pas ? Les tourtereaux étaient seuls à savoir qu'ils avaient rendez-vous, ils étaient seuls dépositaires du grand secret de leur amour : alors, qui des deux a oublié de venir le premier ? Est-ce elle qui a omis le rendez-vous qui donnait un sens à sa vie ? Je veux le penser. Un jour donc, elle a oublié de s'y rendre. Et il a dû l'attendre en vain, tandis qu'elle titubait sur le trottoir où ses voisins sikhs avaient dû prendre l'habitude, à heure fixe, de la ramener chez elle.

J'aurais dû m'inquiéter lors de sa dernière visite volontaire, quand, à chaque évocation ou bien à chaque visage familier, elle répondait pudiquement, presque honteusement, « je ne me souviens plus ». Comment ai-je fait pour ne pas paniquer devant l'amnésie galopante ? Mon indifférence volontaire n'est pas moins grave ni moins spectaculaire (mais elle est plus fautive) que la mémoire en lambeaux d'une vieille dame qui, pour son dernier voyage, n'essaie pas même de sauver les apparences. Je l'ai laissée repartir. Je suis négligent. Certes, la grâce de ses visites était passée depuis longtemps. Quand nous étions petits, ma sœur et moi, sa présence annuelle était un tel événement, il était si peu normal d'être séparé de sa grand-mère par un océan, que nous accueillions sa venue comme une sorte de Nouvel An. Et puis, sous le double effet du cœur sec des adolescents et du peu de soins qu'elle mettait à nous cacher l'ennui de se trouver loin de Charles, à Paris, nous finîmes par vivre la chose comme elle, à la façon d'une contrainte masquée par les formes du sentiment. Sa maladresse en était la cause, et son indifférence aussi, qui prenait moins de gants. Mais tout de même, je l'ai laissée partir. Je me suis appuyé sur la certitude qu'elle attendait de retourner chez elle où la sénescence qui gagnait du terrain trouverait au moins le contrepoint d'un pote, d'un amant, d'un langage et d'un décor familiers... pour fermer les yeux sur un départ dont je savais qu'il serait sans retour. J'ai su sans vouloir savoir et j'ai laissé faire. Ô, ma grand-mère... Quel avant-goût.

Si le silence est un ange qui passe, le frisson est peut-être cet oiseau dont parle Léonard de Vinci : en effleurant la planète de son aile, il modifie la course de l'astre.
Je suis cet oiseau.

Au début de parkinson, pendant la drôle de guerre, quand le plaisir était opposable aux inconvénients et qu'on pouvait encore discuter avec un mal aux symptômes ténus, ma mère opposa le frisson au tremblement. Quel meilleur antidote aux petites crises intempestives qui l'empêchaient de jouer Schumann que la divine vibration qui électrise et apaise aussitôt ? Attendu mais improbable, incontestable, indéniable, grisant, infime, indépendant comme un chat et total comme la joie, le frisson ne prévient pas et pourtant son apparition justifie une éternité d'efforts. Or, on le néglige quand il surgit ! On néglige l'extase qui épouse les méridiens de la médecine chinoise, on la prend pour du froid. Notre monde se porte mal parce qu'il méconnaît le frisson, disait-elle en levant le doigt. Et le frisson évolue dans la musique comme dans son élément naturel, qui le perpétue sans l'étaler. Prise par l'enthousiasme, ma mère n'était pas loin de lancer une université du frisson, comme elle avait voulu le faire avec la langue des signes.

– Bon, c'est sûr qu'avec Boulez c'est plus difficile qu'avec Mozart ! concéda-t-elle en riant. Mais on sous-estime le frisson ! Alors qu'il est aussi fondamental qu'une décision, aussi capricieux qu'un orgasme...

– Maman !

– Ben quoi ? Quand tu jouis, tu ne sais pas vraiment quand ça va venir...

– Mais Maman !

– Mais quoi ?

– Tais-toi ou change de sujet.

– Ah, bon. Ce que je veux dire (si j'ai encore le droit de parler), c'est qu'il faut parfois mille ans d'efforts pour un frisson. C'est le but, mais ce n'est pas la recherche. Espéré mais inespéré, il s'absente pendant des mois. Et quand il est là, on le remarque à peine. Il ne faut pas laisser filer les frissons.

– Dit comme ça, je suis d'accord.

– Par exemple, quand tu bandes...

– Maman !

– Quoi ? Tu ne bandes pas ? Mon fils !

– Mais Maman !

– Ben, quoi ?

– Tais-toi ou change de sujet, je t'ai dit.

– Mais tu es vraiment un taliban ! J'ai quand même le droit de dire ce que je veux !

– Et que veux-tu dire ?

– Que le frisson nous emmène au cœur de l'être, à la jonction du psychique et du physiologique...

– Rien que ça.

– Tu te moques de ta vieille mère, alors que peut-être, un jour, la science réussira à expliquer le mystère du frisson. Et là, tu riras beaucoup moins.

– Mais comment peux-tu dire une chose pareille ? Tu définis le frisson comme un je-ne-sais-quoi et, juste après, tu espères que la science le mette en équation !

– Ah, tu m'embêtes !

Comme Montaigne changeait d'opinion au gré de son humeur, ma mère était tantôt spiritualiste, tantôt matérialiste.

Sa quête musicale de la note juste, son goût pour les maîtres de l'indicible (qui confinait parfois à l'occultisme), son refus de croire que l'amour ne fût qu'un agencement de cellules... tout en elle était orienté vers une pensée de l'esprit. C'était le sens du texte qu'elle avait écrit contre *L'Utérus artificiel* d'Henri Atlan, une drôle de fiction scientifique qui annonce l'avènement des grossesses hors de l'utérus comme l'ultime étape de la libération de la femme. Ma mère, qui aimait pourtant Atlan d'une amitié sincère, ne décolérait pas contre ce livre et disait à qui voulait l'entendre qu'une mère n'est pas seulement un utérus et qu'il n'est anodin ni pour la mère ni pour l'enfant de vivre en symbiose pendant quelques mois.

En esprit libre, ma mère refusait l'existence de Dieu comme les happy ends automatiques, elle se méfiait des extases collectives et des consolations transcendantes, elle savait que le passé ne passe pas, que le regret ne se laisse pas effacer par la raison, que le crime paie, que le deuil n'est pas une dissonance promise à sa résolution, qu'il n'existe aucun remède à la difficulté d'exister et que le monde n'est pas devenu la chose des gens qui jouent avec l'infini, qui manipulent la matière et l'esprit et qui voudraient plastiner les corps et cultiver les humains comme on cultive du maïs. Sans verser dans l'ésotérisme (envers lequel son esprit généreux nourrissait une sympathie de principe), elle refusait de tout son corps que l'homme ne fût qu'une machine dont le neuropsychiatre serait le mécanicien, ou que les créations de l'esprit fussent réduites à leurs traces sur le tissu cérébral, et elle faisait au matérialisme - ce corps de doctrine pour gens qui veulent se sentir innocents - le juste procès de dissoudre la responsabilité dans l'examen des causes qui précèdent une décision.

Mais sa curiosité de journaliste aux milliers d'articles sur des livres qu'elle avait tous lus, son cœur d'humaniste élevée aux bons sentiments par une mère qui détestait Flaubert à cause de la façon dont il fait mourir madame Bovary, son côté américain qui la portait aux adieux emphatiques et lui faisait oublier, pour un temps, qu'il ne suffit pas d'embrasser quelqu'un pour exprimer ses sentiments, son dégoût du snobisme et des pensées sournoises, sa générosité, en somme, la rendaient hautement perméable à ceux qui promettent de tout savoir et de tout guérir. Elle aimait Hölderlin, Maître Eckhart, mais aussi Pic de la Mirandole et Spinoza. Elle aimait les miracles tout en pariant sur la dissipation des mystères. Elle aimait l'indicible, l'apophatique, l'essentiel au-delà des mots, comme elle aimait les mécanismes, l'omniscience, et ne renonçait pas à une cure générale des soucis par la connaissance. Elle s'indignait qu'on traitât l'humain comme un objet de savoir indifférent, mais elle confondait volontiers la recommandation du professeur de digitopuncture (ouvrir et fermer la main) avec la binarité du monde informatique. Elle refusait qu'on réduisît le psychisme à une représentation codée, mais elle était fascinée par les nœuds borroméens de Lacan. Elle s'insurgeait contre le fait que tout pût être mesuré et que l'entrelacs de nos individualités fût réductible à quelques équivalences, elle croyait dur comme fer que quelque chose d'intangible survît aux prédations de la technique, et trouvait urgent de défendre ce pré carré de la conscience contre les atteintes de la science, mais elle en venait quand même à espérer que l'imagerie médicale et l'explosion du numérique explorassent enfin le triangle cognitif formé par la musique, les émotions et le langage, comme la plasticité cérébrale avait été rendue visible par la tomographie à positons... Elle croyait, en bergsonienne, que la connaissance et la technique nous faisaient vivre en surface, et que trop de technologie nous ramènerait à la vie sauvage, tout en faisant le rêve éveillé que la science fît un jour repousser un membre amputé à partir de cellules-souches, prolongeât la vie humaine jusqu'à cent quatre-vingts ans, guérît le cancer et le paludisme, dépassât la vitesse de la lumière, atteignît les étoiles, franchît les limites de la galaxie ou, plus modestement, captât l'énergie des éruptions solaires pour économiser les sources d'énergie fossile. À ses yeux, tantôt l'écriture était une énigme, tantôt elle était un code, et ma mère pouvait, dans la même phrase, me présenter le frisson comme un je-ne-sais-quoi et soutenir que, peut-être, la science en dirait le fin mot et qu'alors le frisson livrerait son secret, captif mais vivant, à l'oiseleur et ses diagrammes. Telle était Catherine au cœur sous-estimé : les intuitions d'une philosophe et la candeur d'une journaliste.

– Tu sais ce qu'elle te dit, la journaliste ?

– Pardon, je ne voulais pas te vexer. Je le disais en bonne part ! Au fond, tu as les idées si larges que tu te contredis sans en souffrir.

– Flattery will get you nowhere.

– Non Maman, tu ne veux pas de ce verre de vin blanc.

– Ah, bon ? Tu es sûr ?

– Mais oui.

– C'est ennuyeux, ça. Parce que j'en ai quand même très envie.

– Mais non.

– Bon. Bon. Alors tu peux me rouler un petit pétard ?

– Ah, ça oui, bien sûr.

– Tu es vraiment un petit chou à la crème. Mais qu'est-ce qui m'a fait un fils aussi gentil ?

– Toi-même.

– Toi m'aimes !

– Tu lis dans mes pensées.

– Et toi dans les miennes !

L'heure était à la gaieté. C'était mon anniversaire. On buvait du thé chaud en dévorant des biscottes au miel. Ma mère avait perfectionné l'*Impromptu* et la *Fantaisie* dans la perspective de notre concert, et j'avais appris la veille, par une connaissance de sa mère, que mon fils était né depuis huit jours. Dieu merci, je l'avais reconnu avant sa naissance. Il porterait mon nom. Que fait-on, aujourd'hui ? Écoute ça, Maman. Et je lui lus l'un des rares passages d'*Un amour de Swann* où le bonheur l'emporte, où, entre Swann et Odette au piano, « chaque baiser appelle un autre baiser » et « l'on aurait autant de peine à compter les baisers qu'on s'est donnés pendant une heure que les fleurs d'un champ au mois de mai... »

En vérité, je savais déjà ce qu'elle avait envie de jouer. Elle me l'avait dit lors de notre précédente séance de travail. Et, inversant les rôles, c'était moi qui avais choisi le texte en fonction de ce qu'elle avait dans les doigts. Chopin, *Études* opus 25, n° 2. Un divin bourdonnement d'une minute trente que ma mère jouait à la perfection. Où la petite phrase, comme un murmure insistant, comme des baisers de printemps, cavale et caracole et reparaît si souvent qu'elle se confond avec la pièce elle-même. Tous ceux qui interprètent ce morceau de bravoure en font un exercice de virtuosité, et démarrent en trombe, comme si la musique précédait leurs doigts. Seule ma mère, experte en lenteurs exquises et formée par Boucou, se jouait des silences, tenait l'auditeur en haleine, lui laissait entrevoir l'arrivée d'une mélodie, prenait le temps de s'attarder sur les premières notes, comme on fait quelques pas au bord d'un ravin, ou comme on se penche avant de sauter. À la cavalcade, elle ajoutait le précipice.

Je l'ai vu peu à peu modifier ses gestes, marcher comme un automate, le regard flou, parfois même traîner les pieds. Il n'en revenait pas, d'être aussi diminué...

On meurt seul, c'est entendu. Qu'on vous tienne la main ou non. Mais le problème n'est pas la mort. Le problème, c'est le *mourir*. Le long mourir qui prend son temps, qui vous disloque patiemment, comme un fauve joue avec sa proie. Aussi convient-il, dans la mesure où on le peut, de ne pas vieillir seul, car alors, non seulement aucune épaule ne vous accueille, aucune main amie ne prend la vôtre quand vous avez peur de la mort, mais surtout, quand la solitaire est malade, quand, chaque jour, son autonomie diminue sous les coups du mal, le monde qui l'entoure, à commencer par son appartement, devient une zone de danger, remplie de pièges et de chausse-trappes. La difficulté d'accomplir les gestes quotidiens heurte de front les habitudes, comme si les objets étaient devenus des choses.

Avec la maladie, l'univers de ma mère s'était transformé pour devenir gigantesque, incommode, incompréhensible, menaçant. Aux derniers instants de sa vie à domicile, chaque geste, chaque action, était une victoire ou une défaite. La technique, surtout, devenait dantesque. Son ordinateur, notamment. Ses ultimes tentatives de s'en servir étaient le théâtre de batailles quotidiennes, tissées de dialogues improbables. « Je n'arrive pas à attraper », disait-elle en pleurant, pour dire qu'elle ne comprenait pas quelque chose.

– Appuie sur la barre de wifi !
– Mais j'appuie sur la barre de wifi ! Il me dit « Dow Jones », « CAC 40 »...
– Alors ça veut dire que tu es connectée !
– Mais non, puisque ça clignote.
– Qu'est-ce qui clignote ?
– La télé ! j'ai tout débranché. Je n'aurais pas dû.
– Ce n'est pas grave. Ouvre ton ordinateur.
– Attends, je prends mes lunettes. Voilà. Il me dit « Dow Jones », « CAC 40 », « samedi 19 février »...
– Quoi ? Mais de quoi tu parles ?
– Eh ben, je sais lire quand même ! « Dow Jones », « CAC 40 »...
– Mais tu cliques au mauvais endroit !
– Mais non ! C'est que j'ai débranché un truc. J'aurais pas dû !
– C'est ce qu'on est en train de vérifier !
– Mais ça clignote !
– Maman, calme-toi ! Prends ton ordinateur !
– Attends, je prends mes lunettes.
– Elles sont sur ton nez.
– Ah oui ! Comment tu sais ? Tu peux me voir, là ?
– Mais non, tu viens de les mettre.
– Ah bon.
– Donc, ouvre ton ordinateur.
– C'est fait !
– Va sur Internet.

– Hein ?
– Va sur Internet !
– Mais où ça ?
– Comment ça, où ça ? Va sur Internet !
– Mais où ?
– Maman !
– Ne me crie pas dessus ! ça suffit maintenant.
– Excuse-moi. Mais Maman, tu n'avais jamais fait de recherche sur Internet ?
– Mais pas depuis longtemps, alors laisse-moi tranquille... Ah, la barre Google ! Je la vois.
– Alors, tu tapes dedans...
– Ça ne marche pas...
– Clique dedans...
– C'est-à-dire, cliquer ?
– Maman !
– Ce n'est pas la peine de crier, ni de prendre ce ton comminatoire avec moi !
– Tu as raison.
– Alors, si j'ai raison, arrête de crier, et dis-moi ce que je dois faire. Mais correctement. Alors, je vais où, sur Internet ?
– Hein ?
– Je vais où ? (Larmes.)
– Je ne sais pas, Maman. Honnêtement, je ne sais pas où tu vas.
– Attends (soudainement calme). Je vais aller sur France Inter.
– Quoi ?
– C'est là que je vais d'habitude.
– ...
– Ça ne marche pas. Il me dit « Vous n'êtes pas connecté à Internet »

– Alors, regarde si tu as du réseau.

– Quoi ?

– Pardon. Clique sur la barre de wifi et regarde quel réseau il te propose.

– C'est quoi, la barre de wifi ?

– Tu sais, le petit symbole avec des lignes incurvées ? Quand tu es connectée, les lignes sont noires, quand tu n'es pas connectée, les lignes sont grises et c'est plus difficile de les voir. C'est probablement pour ça que tu ne les vois pas.

– (Incrédule.) Ah, bon. Alors, je fais quoi ?

– Eh bien, tu cliques sur la barre de wifi !

– Mais je ne vois pas de barre de wifi !

– Tu ne vois pas les trois petites lignes incurvées en haut à droite de ton ordinateur ?

– Attends, je ne vois rien.

– Mais tu n'as pas tes lunettes ?

– Oui, mais je ne vois rien. Attends, je prends une loupe. Je vois trois barres horizontales...

– Horizontales ? Alors, ce n'est pas celles-là. Celles dont je te parle sont incurvées.

– Il n'y a pas de barres incurvées.

– Tu n'as pas bien regardé.

– J'ai très bien regardé ! Je ne suis pas débile et je ne suis pas aveugle. Il n'y a pas de barres incurvées !

– OK, alors laisse tomber.

– Tu es vraiment méchant. Tu pourrais passer m'aider, quand même.

– Non. Tu habites au bout du monde, il est sept heures du matin et j'ai tous les enfants sur le dos.

– Raphaël ?

– Oui Maman.

– Tu es où, là ?

– Chez moi.
– Tu peux venir ?
– Il est sept heures. Et de toute façon, on se voit tout à l'heure, pour la visite de l'ergothérapeute.
– Mais je n'ai plus de batterie. Je n'ai plus de batterie ! Il faut que tu m'apportes une rallonge !
– Mais de quoi tu parles, maintenant ?
– Mais du téléphone ! Il n'a plus de batterie ! J'ai besoin de parler aux gens !
– Mais branche-le, alors.
– Mais le fil est trop court ! Ah ! Ah !
– Mais pourquoi ne l'as-tu pas branché pendant la nuit ?
– Mais je ne sais pas ! Ah ! J'ai besoin de parler à des gens !

Que voulez-vous répondre à ça ? Que voulez-vous faire ? J'aurais dû abandonner les petits, accourir, la prendre dans mes bras, l'embrasser sur le front, lui parler indéfiniment, lui lire ses propres livres, lui donner ses médicaments, veiller à ce qu'elle se brosse les dents et la border pour qu'elle se couche enfin sereine. Je sais bien qu'elle se serait endormie quelque part entre-temps, et ne m'aurait pas ouvert la porte. Mais j'aurais dû, tout de même, me précipiter ventre à terre chez elle. Ma place était, au moins, sur son paillasson.

C'est alors, au fond de la mélasse, qu'il faut évoquer la cambrure de l'hippocampe qui électrise la masse opaque de l'océan.

Une femme âgée, malade et qui vit seule est une proie idéale pour tous les arnaqueurs en ligne, les escrocs du quotidien, les spéculateurs en solitude, les faux héritiers qui ont besoin du pécule nécessaire pour toucher la somme qu'ils promettent de partager avec vous, ou les faux banquiers qui vous garantissent des merveilles en échange de votre maigre argent. Assureurs sans honte qui augmentent vos contrats à mesure que vous vous enfoncez. Mutuelles qui vous négligent, vous ponctionnent et vous informent qu'elles ne remboursent précisément pas le type de chambre que vous avez prise pour vos soins. Garagistes qui vous vendent un leasing pour la voiture que vous ne savez plus conduire. Services en ligne qui négligent de vous prévenir quand vous vous abonnez à cinq reprises. Conseillers bancaires qui vous mettent en surendettement tout en se donnant l'air de résoudre vos problèmes. Sites de vente qui ne vous arrêtent pas quand vous achetez quarante fois la même chose. Emprunteurs en tout genre qui ont un système de déculpabilisation tout prêt dans leur tête. D'une outre simultanément vide et percée, tous ces corbeaux font leur meilleur repas. Et tandis qu'on la pille et qu'on la pressure, ma mère se noie dans des verres d'eau et fait des chèques en bois.

C'était la fin de la drôle de guerre et le début des catastrophes. Parkinson délivrait ses premières salves, sous la forme d'une paralysie qui s'étendait à tout le côté gauche, d'une difficulté croissante à prendre soin d'elle-même, et d'une épuisante mauvaise volonté face aux démarches à accomplir, aux médicaments à prendre et aux questions des médecins. En somme, ma mère répugnait à faire ce qu'il m'était odieux de lui demander. Nous étions bien.

Elle refusait, par exemple, que nous changeassions son neurologue, troquant celui qu'elle trouvait charmant mais qui n'avait pas de temps à lui consacrer contre celle qu'elle trouvait ennuyeuse mais dont les précieux conseils nous seraient plus tard fort utiles. À chaque rappel de ma part, à chaque soupir, elle plissait les yeux et me contemplait d'un air suspicieux, comme la cause possible de tous ses tourments, ou du moins celui qui, par ses requêtes intempestives, compromettait l'équilibre précaire où, tant bien que mal, elle tentait de vivre. Telle une petite fille que les devoirs éloignent du piano, ma mère gémissait à l'idée de signer des papiers, et maudissait le triste sire qui s'était désigné pour veiller sur sa vie. Or, parmi les choses à traiter, il y avait l'appartement. Qu'il fallait adapter de toute urgence à la dégradation de ses facultés, ce qui supposait qu'on s'entendît sur cette dernière. Mais ma mère était partagée entre l'envie de se plaindre, qui lui rapportait instantanément de notre part une sollicitude dont elle n'eût auparavant, quand les choses étaient à peu près normales et que chacun vivait selon les lois de son petit égoïsme, pas osé rêver, et le goût de faire comme si rien n'avait changé, comme si j'étais juste un emmerdeur venu bouleverser sa petite structure en y introduisant des règles arbitraires. Aussi arrivait-il souvent qu'après avoir gémi sur ses tremblements et déliré de rage face à sa jambe rebelle, elle accueillît d'un air suspicieux les recommandations que je déduisais pourtant de ses doléances.

Seulement voilà, elle vivait encore chez elle, sortait d'une opération du genou droit, qui, ajoutée à la paralysie croissante de sa jambe gauche, rendait tout déplacement difficile et périlleux. Alors nous attendions de pied ferme la visite de l'ergothérapeute, qui nous confirma ce que je pressentais : l'appartement était un champ de mines. Il fallait sans attendre transformer la salle de bains, l'équiper d'un sol antidérapant, descendre les tasses et les assiettes dans la cuisine, disposer du scotch double face sous tous les tapis, renforcer l'éclairage et adopter quantité d'autres aménagements qui ne souffraient aucun délai.

Mais j'avais si bonne conscience et j'étais tellement épuisé par ma mère (qui, depuis l'aube, n'était qu'une longue complainte) qu'au lieu de mettre en œuvre séance tenante tous les microchangements qui lui eussent rendu la vie moins dangereuse, je décidai de reporter au lendemain l'exécution de ces tâches et de rentrer chez moi. Crevée par le rendez-vous, méfiante comme jamais, ma mère me laissa volontiers partir, voulut retourner à ses habitudes contrariées et considéra, en conséquence, que tout cela était parfaitement inutile. Nous avions tort, tous les deux. Il était déjà trop tard.

Le soir même, au téléphone :

– Raphaël, je suis tombée, je me suis cassé la jambe !

– Maman, je suis avec les enfants.

– Oui, mais ils sont grands maintenant. Je suis très mal. Je me suis cassé la jambe !

– Tu peux la bouger ?
– Oui. Attends, je retire mon chemisier.
– J'attends.
– Je retire mon chemisier, attends.
– Tu me l'as dit. J'attends.
– Je retire mon chemisier !
– J'ai compris !
– Attends un peu, je reviens.
– D'accord.
– J'arrive. Je vais te rappeler.
– Quoi ? Je n'entends pas ?
– Je retire mon chemisier !
– Tu me l'as dit !
– Attends ! Voilà.
– Mais où étais-tu passée ?
– Je suis allée déposer le chemisier sur la chaise.
– Mais alors, tu peux te lever ?
– Oui, mais je suis très mal.
– OK, mais tu n'as pas la jambe cassée.
– Mais tu ne sais pas ce que j'ai ! Tu ne te rends pas compte. Je suis très mal et tu t'en fous !
– Veux-tu que j'appelle les pompiers ?
– Oui !
– Mais tu pourras leur ouvrir ?
– Non ! Il faut que tu viennes !
– Je ne peux pas abandonner les enfants.
– Alors, laisse-moi toute seule, je vais me coucher. Salut.

Le lendemain, aux aurores, dans le taxi qui nous emmenait de nouveau à la clinique Turin, j'étais tellement furieux d'avoir à revenir m'occuper d'elle, d'être contraint de traverser Paris une fois de plus pour lui venir en aide, de l'emmener à l'hôpital pour une blessure probablement imaginaire (elle marchait, donc la jambe n'était pas cassée), que je ne répondais que par onomatopées à ses tentatives de dialogue. Je sentais bien que ma mère, du fond de sa douleur, implorait un regard, un échange en forme de pardon, mais j'étais résolu à ne pas lui faire ce cadeau et à bien lui faire savoir, par mon silence obstiné, que j'enrageais de la voir, et que je n'allais pas passer ma vie à réparer ses conneries.

Quand j'ouvris la portière pour l'aider à sortir du taxi, elle s'effondra littéralement dans mes bras, comme si, soudain, ses jambes ne la soutenaient plus. Et il fallut que deux infirmiers, interrompant leur pause, lui apportassent un fauteuil roulant. D'une certaine manière, elle ne s'est plus jamais levée de ce fauteuil. J'étais surpris qu'elle s'effondrât, et près de penser que c'était une comédie de plus, une façon supplémentaire d'obtenir, en mendiant, l'aide et la sollicitude qu'on lui eût refusées en temps normal. Et c'est encore plus mécontent, la tête pleine de mes propres urgences, que je poussai ma mère dans la clinique où l'on nous installa aussitôt dans une vaste salle d'attente truffée de gens en souffrance. Les cheveux en désordre, le pyjama mal boutonné sous une blouse mal fixée, ma mère, qui se sentait honteuse mais qui souffrait le martyre, me suppliait à intervalles réguliers, avec une toute petite voix, de demander « un petit Doliprane » au personnel soignant, et moi, plongé dans la lecture de mes messages, pestant contre les circonstances qui m'empêchaient d'être ailleurs, ivre de rage de retourner à la clinique Turin que nous avions quittée l'avant-veille après son opération du genou, je ne répondais pas à ses suppliques. Je ne me pardonnerai jamais de n'avoir pas répondu.

Quelques instants plus tard, après l'avoir scannée de haut en bas, la radiologiste me résuma la situation avec une délicatesse proverbiale : « C'est tout cassé, là-dedans. » Ma mère s'était cassé le bassin, le col du fémur et d'autres os encore, que j'ai peur de mal nommer. Elle était en miettes, en lambeaux, en pièces détachées. Elle devait souffrir comme le Christ tandis que je regardais mes messages et qu'elle prenait une petite voix pour implorer un petit Doliprane. Aujourd'hui, le souvenir de mon indifférence ostensible me revient par bouffées d'effroi. Il ne faut jamais rien refuser aux malades. Les malades sont l'avant-garde. Les malades ont toujours raison, même et surtout quand ils délirent. Les malades expérimentent le cauchemar de vivre trop longtemps. Les malades sont notre avenir. On leur doit les égards qu'on ménage aux éclaireurs et aux aventuriers.

Nous étions partis rapidement, en emportant des affaires pour la journée. Pourtant, c'est la dernière fois qu'elle passait le seuil de sa maison. Entre les opérations, les séjours en centre de rééducation, les nouveaux accidents, les infections nosocomiales, les fauteuils roulants, les crises de démence et, pour finir, l'installation dans un Ehpad où elle recevrait, en principe, les soins nécessaires, ma mère, la daronne perchée, ne mettrait plus jamais les pieds chez elle, ni bientôt même au sol. La suite des événements serait une dégringolade sans répit ni rémission, une cavalcade vers le pire, un long jour avec fin.

Je suis trop triste pour écrire. La plume dérape sous mes doigts bienveillants. Les lettres se déforment, les mots pleurent sur la table, ils échappent au cadre noir qui entoure la feuille de mon cahier. Je ne les connais pas. Ils se tiennent par la main, ils sont indépendants, libres du souci qui m'étreint. Ils ne comprennent rien à ce poids insidieux qui rétrécit la chambre où je m'apprête à dormir, seule comme au premier jour.

À la fin du *Phèdre* de Platon, Socrate raconte l'histoire du roi Thamous qui reçoit à Thèbes la visite du dieu Theuth, inventeur de l'arithmétique, de la géométrie, de l'astronomie, du trictrac et du jeu de dés. Theuth dit au roi qu'il vient de mettre au point un moyen de sauver la mémoire, qu'il appelle « écriture ». Or le roi, qui n'est pas bête, fait observer au dieu-scribe que les concepteurs d'un art sont mauvais juges de leurs effets, car les vertus qu'il prête à l'écriture sont à l'opposé des conséquences qu'elle aura. Au lieu de sauver la mémoire, l'écriture produira l'oubli chez ceux qui s'en remettront à elle. La possibilité de consigner ses souvenirs dispense de les garder en soi. À cause de l'écriture, c'est du dehors et non plus du dedans, par les autres et non plus par eux-mêmes, que les hommes chercheront à se souvenir. Comme si la mémoire n'était qu'une quantité, comme si le souvenir pouvait habiter ailleurs qu'en soi. Theuth n'a pas trouvé le moyen d'enrichir la mémoire, mais de la transformer en vestiges, et donc de favoriser l'amnésie.

Le roi n'a pas tort de devancer les méfaits de l'écriture, ou l'atrophie de la mémoire sous l'effet des banques de données et des photothèques. Il est vrai que le texte est à la parole vivante ce qu'une cendre est au feu, et que les textes répondent toujours la même chose aux questions différentes qui nous portent vers eux. Mais les questions sont-elles si différentes que ça ? Et les réponses sont-elles toujours identiques, ou bien varient-elles selon l'oreille qui les reçoit ? Socrate lui-même, qui n'écrivait pas, ne doit-il pas à des textes d'être mieux connu aujourd'hui qu'à sa propre époque ? Et la lecture des dialogues qui le mettent en scène n'est-elle pas, pour chaque lecteur, l'occasion de penser par lui-même et de sculpter sa mémoire comme sa faculté de connaître ? Les textes ne sont pas des lettres mortes, mais des lettres sèches, auxquelles suffit l'eau d'un regard pour couler de nouveau. Les scribes ne sont pas des fossoyeurs, qui enterrent la mémoire sous les traces qu'elle laisse. Les scribes sont des roses du désert qui, assoupies des millénaires, s'ouvrent et dévoilent un cœur vert et humide quand on leur verse un peu d'eau.

Ma mère était un scribe de la plus belle eau. Qui assignait à l'écriture la tâche de sauver la mémoire, de survivre au feu, de transmettre le savoir honni par les fanatiques, de ressusciter les soirées de la Brésilienne, d'éveiller des histoires d'amour entre des êtres que des millénaires séparent, de faire en sorte que la joie demeure après la mort et d'être la greffière du pur plaisir d'exister qui la saisissait chaque fois qu'elle se mettait au piano.

Elle ne faisait guère de différence, à cet égard, entre l'art du scribe, ductile et docile, qui allège son poignet de manière que la chair n'entrave pas le passage de l'esprit et que la main obéisse à la pensée, et le génie du pianiste dont les doigts se replient légèrement pour emporter avec eux, comme un bagage secret, le silence dont la note est riche. Et pour le scribe comme pour le pianiste, dont la visée relève de la perfection, la beauté naît de l'incapacité d'y parvenir, et les lignes impeccables, les courbes lisses, les crescendo maîtrisés et les graphèmes idéaux sont moins probants que les imperfections et les fausses notes. « Selon les maîtres phéniciens, disait-elle en levant un doigt docte, la personnalité de l'écrivain transparaît dans ses traits et ses courbes. » Ma mère avait la religion de l'écriture, car l'écriture est ce qui relie les êtres, les instants et les choses, à travers l'espace et le temps, et préserve de l'oubli les formes inédites que prend le goût de vivre. Elle allait jusqu'à dire que l'écriture avait été forgée par des amants séparés, et qu'elle devait ses pouvoirs à la détresse qui lui avait donné le jour. L'enjeu n'était pas seulement de sauver la mémoire, mais de sauver le désir lui-même, de maintenir vivace la passion millénaire. Rendre l'amour immortel, c'était le donner à sentir et non seulement raconter son histoire. Son travail n'était pas celui d'une archiviste, mais d'un écrivain, dont l'imagination irrigue la connaissance.

Dans *Passage de l'ange* (un hommage au linéaire B comme à Frank Capra), ma mère raconte qu'Homère en personne se trouve en possession d'une spirale de pierre où, dans une écriture incompréhensible, avait été gravé le secret de l'amour par un initié peu avant l'invasion des peuples de la mer et la Grande Fracture, et demande à sa propre mère, dont la cécité n'entame pas la clairvoyance, de l'aider à déchiffrer ses caractères féconds. On ne saurait mieux résumer son intention : l'écriture n'est pas seulement la conservatrice muséale des faits et des actes qui, si ce n'était que cela, mériteraient qu'on les oublie, mais un Frankenstein audacieux qui, en assimilant des bouts de cadavres, parvient à rendre la vie. Elle se représentait les écrivains comme des discoboles au service du passé, qui lancent leurs textes sur les parois du temps, dont les héritiers perpétuent le geste et prolongent le sillage. Tout ça, grâce à une spirale indéchiffrable, détentrice d'un secret lumineux, dont les incisions en relief, qui rappellent autant les hiéroglyphes que le linéaire B, varient de profondeur. Une spirale à laquelle, ô mon Lacan, elle avait donné le nom de son père, Pierre.

Ma mère avait une graphie impeccable, aux lettres arrondies et droites à la fois, petites mais lisibles, parfaitement uniformes. Moi qui n'ai jamais tout à fait fixé la mienne, dont les lettres sont tantôt rondes, tantôt aiguisées, dont les mots penchent dans un sens ou dans l'autre, et qui, d'une dédicace à la suivante, passe d'une écriture fine et régulière à une débauche de lettres géantes, je lui enviais la constance de ses mots. Souple, ferme, contrôlée, témoignant de la maîtrise de ses émotions comme de son propos, son écriture, qui n'avait pas varié depuis son journal d'adolescente, me fascinait par sa régularité. C'était l'écriture de quelqu'un qui sait ce qu'il dit et qui, réservant à son ordinateur le soin du texte final et préférant la cursive pour les prises de notes, couvrait son bureau de papyrus rectilignes.

Et puis, avec la maladie, son écriture s'est comme assoupie, ses lettres se sont affaissées, elles se sont étalées, les mots ont perdu leur ligne et leur constance et, avec elles, toute notation savante sur des papiers précieux, qu'elle a remplacée par l'inscription tremblée des rendez-vous de la semaine ou des informations vitales sur les pages de son agenda : « rendez-vous Dr E... », « numéro Livebox », « effondrement du socle », « mot de passe ordinateur », « téléphone Raphaël », « Je suis foudroyée », « radiographie », « rêve hôtel terrasse », « MDP WIFI », « destinataire Magenta », etc. Prisonnière de sa tête, dépourvue, privée de jouer son rôle de gardienne du passé, les journées de la scribe étaient réduites à l'anxieuse compilation des choses à faire. Et plus personne ne lisait les papyrus. Aujourd'hui, tous ses mots, ses nouvelles, ses idées, ses hiérogrammes me restent, comme des roses du désert.

On n'éteint pas un volcan avec ses mains nues ! Tu rêves, Giovanni ! Tu rêves... crois-moi, il ne sert à rien de jouer les martyrs... Le combat que tu engages est perdu d'avance.

Ma mère était un ange démuni qui, n'ayant pas les moyens de faire advenir l'univers de ses souhaits, avait pris l'habitude d'opposer au monde de sublimes et vaines protestations. Non qu'elle prît systématiquement le parti des vaincus, ni qu'elle épousât toutes les causes perdues, seulement elle avait une façon de se battre qui consistait, loin de vouloir l'emporter sur l'adversaire, à se mettre en situation de perdre contre lui de la plus belle des manières, après avoir vainement tenté de le convaincre et d'en faire un ami. Qu'elle dénonçât la dictature castriste, le Front national, les impostures du lacanisme ou l'incurable matérialisme d'Henri Atlan, les arguments passaient toujours après un exercice de protestation liminaire où, en lamentable stratège, elle étalait toutes ses cartes, tendait une main fraternelle et brandissait des valeurs absolues. Autant dire que l'effet de ses protestations était inexistant. Nul n'a moins changé le monde que ma mère.

À dire vrai, elle avait même plutôt le don d'aggraver les choses. En 2003, après un premier voyage à Cuba où, alors qu'elle partait pleine de bons sentiments et convaincue de se rendre au paradis de l'éducation et de la santé gratuites, elle avait entrevu, en honnête femme, la réalité du goulag tropical et les conditions ahurissantes où vivaient les Cubains, elle avait décidé de retourner sur place pour faire tomber la dictature par un reportage sanglant. Devant le scepticisme de la direction du *Nouvel Obs* (dont la régie publicitaire envoyait volontiers les salariés à Varadero pour les vacances), certaine de les convaincre après coup, et comme elle n'avait pas un centime, elle s'était rendue à la BNP qui jouxtait le journal pour y ouvrir un « compte provisio » nanti de 15 000 euros, et elle avait pris son billet dans la foulée. Là-bas, elle avait ingénument confié à un « guide » la longue liste des gens qu'elle souhaitait rencontrer.

À son retour, le journal avait refusé de publier le dossier, en faisant valoir qu'en somme on n'y apprenait pas grand-chose. C'est là que, par le plus grand des hasards, j'entrai en scène. J'étais adhérent à la section culture du Parti socialiste depuis quelques mois, j'écrivais notamment, à l'occasion, les tribunes ou les interventions de Laurent Fabius qui m'avait assigné la tâche de taper sur la gauche du parti. Or il se trouve qu'au même moment le prêtre cubain Oswaldo Payá Sardiñas recevait le prix Sakharov du Parlement européen pour le fameux « projet Varela », une pétition dont le coup de génie était de s'appuyer sur l'article 88-G de la Constitution cubaine afin de réclamer, légalement, la tenue d'un référendum sur l'organisation d'élections libres, l'amnistie des prisonniers politiques et le respect des libertés d'association et d'expression. Malgré les pressions et les menaces, Payá (que le pouvoir cubain finirait par faire assassiner) avait recueilli plus de vingt-cinq mille signatures, et donc le « prix Sakharov pour la liberté de penser » qu'il ne pouvait pas recevoir en personne puisque l'État cubain lui avait naturellement refusé le visa pour se rendre à Strasbourg. Scandalisés, nous avions écrit avec trois autres camarades socialistes une tribune dans *Le Monde* intitulée « Un visa pour Payá ! » Les cadres du PS, ces maîtres en lâcheté, nous étaient tombés dessus au nom du fait que ces sujets-là demandaient « un travail en profondeur », mais François Hollande, alors premier secrétaire, nous avait convoqués pour savoir si, à notre avis, lui « qui n'avait jamais été gauchiste » devait prendre position contre le régime castriste :

– Tu peux m'écrire quelque chose ?

– Bien sûr ! Ça te va si on le sort dans *Le Nouvel Obs* ?

– Oui, pourquoi pas.

Le soir même, forte d'un tel scoop, ma mère faisait tranquillement passer son dossier auprès de la direction du journal et je me mis au travail. Dans la version que j'envoyai à Hollande, je lui faisais reprendre les revendications du projet Varela (élections libres, prisonniers de conscience, droit de vote, et j'ajoutai le respect des normes de l'Organisation internationale du travail). Je l'entends encore me dire au téléphone « Tu y vas un peu fort quand même ! Je vais voir ce que je peux faire » et remplacer la liste de ces légitimes requêtes par la formule « Nous souhaitons de tout cœur une amélioration ». De ce jour, mon opinion sur Hollande en général et le socialisme en particulier fut faite. Mais peu importe ! L'essentiel était acquis. Le dossier passa. Dans une indifférence totale. Du régime cubain, du *Nouvel Observateur*, du lectorat en général, et du Parti socialiste.

En revanche, quelques semaines après son retour et cette affaire qui nous avait tant mobilisés et dont nous n'étions pas peu fiers, toutes les personnes dont elle avait recueilli le témoignage furent arrêtées et détenues dans le cadre du « printemps de La Havane » où quatre-vingt-trois dissidents ont été embastillés. Ma mère, la grande candide, avait, à son insu, servi d'informatrice à la dictature.

Remplis ta mission de philosophe, sois heureux en cette vie, qui est peut-être tout ce qui nous a été donné.

« Il n'y a qu'un seul Dieu et nous n'y croyons pas. » Ainsi parlait ma mère, qui faisait régulièrement tenir tout le judaïsme dans ce seul aphorisme. Elle qui, de la Kabbale à Freud, de la Bible à Philip Roth, s'était abreuvée à toutes les strates de la culture juive, ne voyait pas de meilleure façon de résumer cette grande affaire. Elle trouvait même dans cette synthèse une sorte d'équation magique, un mystère presque résolu. Et c'est en riant qu'elle le répétait, comme si, à chaque fois, elle le disait pour la première fois. Le génie de la sentence s'était depuis longtemps perdu dans les commentaires désabusés sur le psittacisme de ma mère et son aptitude infernale à se marrer des mêmes vannes.

Et pourtant.

Il n'y a qu'un seul Dieu et nous n'y croyons pas. Le sentiment de détenir la vérité est contrebalancé par une incrédulité de principe. Le fait d'être le premier monothéisme n'oblige pas à devenir superstitieux. C'est la formule d'un judaïsme de savoir, d'un judaïsme des Lumières, dont la rationalité combat l'idée de Dieu mais non le goût pour les rites.

Il n'y a qu'un seul Dieu et nous n'y croyons pas. C'est aussi la formule du dogmatisme par excellence. Dieu est si vrai qu'il ne fait pas l'objet de la croyance, mais du savoir. Car la croyance est un pari qui inclut le risque du scepticisme, et si nous n'y croyons pas, c'est que nous n'en doutons pas.

C'est une formule, également, que Spinoza n'aurait pas reniée. Il n'y a qu'un seul Dieu dans la mesure où par Dieu Spinoza entend l'existence de tout ce qui existe, et nous n'y croyons pas dans la mesure où, n'étant pas transcendant, étant si vaste qu'il nous inclut nous-mêmes et qu'il inclut toutes les erreurs qu'on peut dire à son sujet, Dieu fait de notre part l'objet d'une connaissance si claire qu'en vérité nous n'avons nul besoin d'y croire.

Enfin, c'est la formule d'un athéisme émerveillé, ou d'un matérialisme qui n'a pas renoncé à l'enchantement. Que Dieu existe, c'est une certitude, mais que nous y croyions, c'est une autre affaire. Devant les nuages, nous avons le sentiment d'un but qui s'est perdu en chemin. La beauté nous fait l'effet d'une faveur qui ne dirait pas son nom. C'est ce que Kant appelle la finalité sans fin. C'est la formule de l'enfance retrouvée. Celle d'une providence égarée, ou d'un monde renouvelé par la candeur.

Et ma coquine de mère, toute mécréante qu'elle fût, n'en avait pas moins forgé une véritable doctrine du salut par le piano. Telle une kabbaliste de stricte discipline, elle appréhendait ses partitions comme une juive d'étude, en disséquant à l'infini chaque silence et chaque modulation, en s'incorporant les harmonies jusqu'à ce qu'elles s'installassent dans ses entrailles et ne chantassent que pour elle, en sentant ses mains devenir chaudes et prêtes à toutes les ascensions. Comme une mélodie s'écoule avec la facilité d'un ruisseau, ma mère, en amoureuse du réel, comprenait que, comme dit Camus, le monde est beau et hors de lui point de salut. Comme si la musique pouvait nous sauver. Et tout de suite. C'était sa doctrine du salut, ici et maintenant, qui culminait paradoxalement dans des triomphes posthumes ou dans le sentiment que, comme dit Etty Hillesum, « si Dieu cesse de m'aider, ce sera à moi d'aider Dieu. »

– Aide-le donc en m'aidant à trouver un morceau qui corresponde à l'idée suivante : « Elle semblait connaître la vanité de ce bonheur dont elle montrait la voie… »

– Trop facile !

– Comment ça, trop facile ?

– Tous les morceaux racontent cette histoire, mon Raphaël ! Ils ouvrent sur un bonheur intense et un langage nouveau, et on se laisse emporter tout en sachant que ça finira bien vite, et qu'au bout du compte on aura juste fait une petite excursion de rien du tout. Vanité.

– Tu veux dire que la musique connaît, par définition, la vanité du bonheur dont elle montre la voie ?

– Je ne sais pas ce que c'est qu'une définition de la musique, mais ce que je veux dire, c'est qu'il ne faut pas en attendre une réponse ou une solution : la musique n'a aucun sens et elle décevra toujours les idéologues.

– *Agreed*. Mais quel morceau convient encore mieux que les autres à la vanité du bonheur ?

– Chopin !

– Encore ?

– Et pourquoi pas ?

Et reprenant la main, ma mère joua d'une traite, sans une faille, sans tendinite ni tremblement, librement, la première étude de Chopin en *fa* mineur.

Certaines petites phrases apparaissent comme des diamants au milieu du charbon ou de la soie, comme des coups d'éclat qui irradient l'ensemble et dont on attend le retour comme on espère la chute d'une bonne blague. Ici, la petite phrase est un thème constant, une hantise, une répétition différenciée, la claudication - dont l'impression vient de la polyrythmie d'une main droite ternaire tandis que la gauche fait un pas de deux - d'un funambule ivre qui peine à trouver l'équilibre et qui, au bout du fil, compose une danse. La petite phrase n'est pas le joyau du discours, mais sa trame elle-même, un spectre obsédant, un cauchemar rémanent qui s'élève en un lent crescendo avant d'aller à reculons jusqu'à sa forme première. Sous la permanente métamorphose d'un thème constant, on croit voir un esclave prisonnier de chaînes souples. Dont l'envie d'être libre échoue en un sommet où il meurt en paix, après une petite excursion de rien du tout.

Le pianiste dévore la musique, il la boit, il l'incorpore, la digère, elle devient sienne, loge dans ses entrailles, innerve sa peau, elle devient son chant à lui, son histoire à lui, son histoire à elle, et ses mains enfin se délient, enfin obéissent, deviennent souples et chaudes, prêtes à toutes les audaces, à toutes les positions, enfin elles donnent le son tant désiré, à la fois profond et mesuré, indiscutable, déchirant et la mélodie se met à couler comme si tout était facile, comme s'il suffisait de jouer du piano pour faire de la musique.

D'aussi loin que je me souvienne, j'ai toujours entendu ma mère buter sur une note, s'arrêter, soupirer, repartir à l'assaut jusqu'à la victoire qui l'emmenait à l'obstacle suivant. Et puis, soudain, comme on traverse une mer qui s'ouvre, comme d'un chaos de couleurs émerge un petit pied incomparable, elle enchaînait d'une traite le morceau tout entier.

C'est que longtemps, elle avait triché avec l'obstacle, elle avait, découragée par l'élan brisé d'une fausse note, enjambé des doigts les passages qui coinçaient, et déposé son sac au bas de la pente au lieu de reprendre l'ascension. Puis, au gré des professeurs de piano qui sont aussi des professeurs de courage, ma mère apprit à éliminer l'obstacle en lui faisant face, à remplacer la ruse par la persévérance et la triche par l'effort. Jusqu'à substituer l'envie du morceau parfait au dilettantisme aisément satisfait de l'amatrice. Au lieu de morceaux facilement lus et négligemment *exécutés*, elle fouillait celui qu'elle avait sous les yeux, traquant inlassablement la mélodie souterraine, la mélodie de la vie intérieure, la voix discrète et fondamentale enfouie dans l'entrelacs des harmonies. À l'oreille de l'auditeur, le résultat de ses exercices était, le plus souvent, calamiteux. D'ailleurs, c'est toujours en passant, pour me rendre aux toilettes ou bien dans la chambre télé, que je l'entendais se reprendre. L'idée de m'asseoir et de l'écouter se bagarrer avec la partition ne m'effleurait pas. Mais ma mère avait lu Héraclite. Elle avait passé des heures sur les sentences elliptiques du présocratique, et en héraclitéenne elle disait « la répétition n'est jamais monotone, car elle n'existe pas ». Qu'on joue dix fois cet arpège, trente fois cet accord insolent, cent fois ce crescendo rétif, ce ne sera pas tout à fait le même ; quand ils sont vivants, deux gestes ne sont jamais identiques. Le paysage de la répétition est un paysage qui change, qui s'affine à mesure que la vue s'élargit. J'ai mis des années, des siècles à comprendre l'enjeu de ses efforts : faire en sorte que les notes durent au lieu de se succéder, que les transitions ne soient plus des sauts mais des passages, naviguer dans un morceau comme en une mer dont toutes les vagues sont familières, même les plus menaçantes, pour jouir, enfin, du silence retrouvé. Rien que ça.

Ce sont les joies du laboureur.

Qui laissent à l'auditeur le sentiment d'une beauté à venir, d'un burin qui fait émerger le visage enfoui dans le bloc de marbre. Et j'accueillais comme un répit les moments où le morceau, enfin conquis, vaincu, dompté comme un cheval, se laissait jouer du début à la fin. La répétition avait rongé l'échec jusqu'au succès. La transition pouvait s'opérer. Comme on s'envole en imitant l'oiseau, comme une chanson naît d'un yaourt, comme un problème s'estompe parfois quand on change l'angle de vue, le morceau naissait soudain, tout entier, sous ses doigts vainqueurs. Ma mère, qui était d'une autre époque, quoique incontestable féministe, employait souvent la métaphore du viol pour décrire cette victoire. Car Boucou avait pour devise, en matière d'expression musicale : « Non, non, non... Oui ! » Elle comparait volontiers le morceau récalcitrant à une femme qui résiste et se dérobe au désir, mais dont le plaisir triomphe des réserves, et qui s'offre avec « la fougue des amoureuses comblées ». Fini, les doigts qui trébuchent ! Exit la pédale et son sirop ! Au-delà de l'effort vient l'évidence, l'expérience des nuances, les petits secrets et les grandes voix, comme dans le troisième mouvement du *Printemps* de Beethoven où la vie, disait-elle, surgit comme un geyser de notes, une fontaine de jouvence... Soudain, tout est juste, évident, facilement difficile. Et la main se joue des pièges, et la musique coule de source. Comme en philosophie, un progrès se mesure au remplacement d'une conviction par un doute, ma mère avançait en boitant gaiement sur les sentiers du génie musical et, récompense capricieuse, accomplissait, en chemin, sans le prévoir, d'invraisemblables entrechats.

Ma mère pensait volontiers, comme Jankélévitch, que nous avons désappris la langue de la nature car nous sommes devenus trop savants pour la comprendre. Elle avait la nostalgie d'un monde qu'il n'eût pas été nécessaire d'adapter à nos besoins, où nul n'aurait envie de parler pour tromper le silence, de poser des étiquettes, de se satisfaire des explications, de bâtir des systèmes ou de conjurer la nouveauté. Or, en triomphant des obstacles, en les affrontant jusqu'à les dissoudre, en cognant inlassablement la même mesure jusqu'à ce qu'elle cède, en faisant jaillir les mélodies de tant de persévérance, ma mère faisait à sa manière l'expérience du changement effectif, du mouvement lui-même. Ses doigts l'habituaient à contempler le réel sous l'angle de la durée, là où, dit Bergson, « le raidi se détend, l'assoupi se réveille, le mort ressuscite dans notre perception galvanisée ». L'effort est la fierté du désir, disait-elle. Mais le désir est au bout de l'effort. Non pas le désir maladif qui vient du manque, mais le désir qui vient de l'excès, du trop-plein de vie, et qui se répand en sonates et en fantaisies. J'adorais ces petites victoires, ces moments de grâce où, comme tout ce qui, de l'amour à la sympathie en passant par l'humour ou le sentiment du beau, se perd quand on l'explique, le morceau, finalement dompté par des mains non prédatrices, se laissait jouer tout entier, dévoilant des finesses ténues. C'est alors que, dans le jeu paradoxal de souvenirs involontaires délibérément stimulés, les vraies mélodies émergent et font entendre des sonorités oubliées ; le grand livre du passé s'ouvre à nouveau quand la mémoire des doigts retrouve d'anciennes amours. En matière de mouvement, dit encore Jankélévitch, nous sommes tous des inventeurs.

Avec ma compréhension limitée, il me semble évident que mes dix doigts ont dans ma vie quotidienne une importance infiniment plus grande que celle de mes dix orteils. Si je devais les dessiner, en leur attribuant aux uns et aux autres la place qu'ils occupent dans mon esprit et mon cœur, mes dix doigts seraient beaucoup plus grands que mes orteils, pourtant plutôt mignons.

À chaque visite à l'Ehpad, je lui masse les mains, dans l'espoir fou de les détendre. Ses vieilles mains, ses vieilles félines décharnées, étiques, repliées sur elles-mêmes, dont la paume est osseuse et les doigts désormais tout à fait rigides. Je lui palpe le creux, à la recherche du moindre atome de chair, je caresse l'éminence absente à la base du pouce, puis j'écarte ses doigts et je glisse mes phalanges entre les siennes, écrasant un peu les métacarpes, comme si sa main allait réagir et finir en empoignade. Peine perdue. Ses doigts demeurent aussi raides, son pouce est incurablement rentré dans sa paume. J'aimerais lui parler, en façon de plaisanterie, des pages qu'elle consacre à Ethery Djakeli, qui accordait tant d'importance aux mains de ses élèves, qui saisissait les paumes et massait les phalanges tout en parlant sans cesse, afin de faire vivre la main avant de la mettre au piano. À quoi bon ? Ses mains sont mortes, ces mains sont en miettes.

Alors, je lui prends le crâne, tantôt penché sur la poitrine, à peine tenu par un cou si mince, un cou débile, une corde faible, un enchevêtrement de tendons détendus comme des élastiques avec lesquels on a joué trop longtemps, le creux du cervelet saillant, lui aussi, comme une pomme d'Adam égarée, tantôt penché sur l'épaule droite, comme David Niven dans *Le Cerveau*, dont le crâne est si lourd qu'il n'arrive pas à tenir droit quand il est ému. Et je tente de la remettre dans l'axe, dans l'espoir fou que tout cela n'est qu'un malentendu, le résultat d'une fausse position dans la nuit, un immense torticolis, et qu'en la faisant craquer on lui remette tous les os en place. Peine perdue. Sa tête n'est pas accidentellement penchée, mais définitivement, comme maintenue par une corde rigide attachée à la commissure de ses lèvres, qui tire sa bouche vers le bas dans un rictus de mécontentement crispé. C'est le rictus souffrant de ma mère qui creuse l'intérieur du tronc. L'arbre évidé ne se contient plus lui-même. Il pourrait flotter mais il n'est plus arbre. Il est devenu coquille.

On appelait ça - j'appelais ça - les visites anti-ratatinade, en référence au chapitre des *Deux Gredins*, de Roald Dahl, où, en allongeant sa canne un peu chaque jour, Compère Gredin persuade sa gredine de femme qu'elle est en train de s'affaisser. Détends ton cou, maman, essaie de redresser la tête, fixe ma main, serre ma main, veux-tu ? Fais un effort. Tu ne peux pas vivre avec la tête collée à l'épaule et les mains toutes congelées ! Allons, bats-toi, réveille-toi, s'il te plaît, *let's fight it!*

– Tu parles yiddish, maintenant ?

Que lui importait, au fond, le sort de ces lointains ancêtres ? Pourquoi était-il hanté par le temps des héros, comme s'il eût été chargé de réparer la catastrophe, de recoudre l'Histoire ?

Nous sommes des amnésiques qui s'ignorent, des amnésiques au carré, oublieux de l'oubli lui-même, videurs de boîtes vides. Nous sommes les légats insoucieux, les descendants d'une catastrophe dont nous avons perdu jusqu'au souvenir et dont la date elle-même nous est inconnue, alors qu'elle a façonné nos mémoires en les amputant de l'essentiel : la disparition, par le feu, de la bibliothèque d'Alexandrie.

Des centaines de milliers de rouleaux de papyrus, brûlés, engloutis, dispersés, réduits en poussière ou en bribes, qui concentraient la totalité du savoir disponible, et dont on ne connaît aujourd'hui qu'un dixième des auteurs. Un empire de connaissance, où les ouvrages du monde entier, jusqu'à ceux des Juifs, étaient traduits en grec. L'antre de science où copistes et savants travaillaient de concert à l'édition des textes classiques et dont les archéologues n'ont jamais retrouvé la trace.

Était-ce au Ier siècle avant notre ère, pendant la guerre civile entre César et Pompée ? Ou bien au IIIe siècle, sous l'empereur Caracalla ? Est-ce une conséquence de la conquête arabe de l'Égypte ? Nul ne sait. Notre seule certitude est qu'un jour funeste, à l'exception des tablettes d'argile, l'édifice du savoir a disparu corps et biens.

Ma mère en avait le vertige et se plaisait, avec son bon cœur, à imaginer que, dans le monde où la bibliothèque n'avait pas flambé, il n'y avait pas de guerre, ni de sectarisme, ni de fanatisme, ni d'autodafés. Elle se savait l'enfant d'hommes sans avenir, sans visage et sans alphabet. Elle savait que nous ne savons rien des univers primitifs enfouis sous les massacres, et qu'un millénaire tient souvent en une ligne sur un manuel scolaire. Elle savait que l'oubli, plus que le feu, menace tout ce qui tente d'exister, et que les incendies accélèrent l'arrivée du néant. Elle se tenait face à cet holocauste de papyrus comme le voyageur solitaire contemple l'abîme depuis son promontoire, pétrifiée par l'oubli et par l'oubli de l'oubli lui-même, glacée par la cendre, témoin, malgré elle, du feu qu'elle imagine, osant le lien entre le fait qu'un dixième des ouvrages ait été sauvé et le fait que nous n'utilisions qu'un dixième du cerveau. *J'ai dans les narines*, écrivit-elle, *l'odeur de jardins que je n'ai jamais visités, l'odeur de la cour des Miracles, le parfum d'un semis de lavande sur les collines de Crète il y a trois mille ans.*

Elle était même allée, dans un roman posthume, jusqu'à imaginer qu'une agence, l'agence Héraclite, missionnait ses employés dans le futur ou le passé pour y prendre des clichés de tout ce qui était appelé à disparaître : les ruines de Las Vegas, un paysage de montagnes sous un ciel violet, des mendiants rampant sur les marches d'un temple hindou hérissé d'éoliennes, un immeuble criblé de balles à Budapest, une vue aérienne de Venise presque entièrement recouverte par l'*acqua alta*, une rue vétuste dans la Prague de

Kafka, le marché de Stratford-upon-Avon encombré de bestiaux, une file d'attente devant une boulangerie égyptienne, les bouddhas de Bamiyan à moitié sculptés... Elle imaginait qu'il fût possible, pour le pire, d'empêcher Mozart d'écrire *La Flûte enchantée*, de sauver la vie à Étienne de La Boétie, épargnant ainsi à Montaigne la grande douleur qui donna le jour à ses *Essais*, d'envoyer la maréchaussée au domicile de Jean-Jacques Rousseau pour lui rapporter ses cinq rejetons criant famine depuis l'hospice des enfants trouvés, faisant du futur auteur des *Confessions* un *pater familias* résigné, bourgeois, calviniste et porteur de bretelles, attelé à sa tâche de copiste musical, privant l'histoire des idées de l'*Émile*.

Mais quand elle remisait sa tunique de romancière pour endosser celle de la biographe ou de l'essayiste, elle ne tentait plus de rectifier le réel à coups de mondes possibles, au contraire, elle se faisait le témoin privilégié des catastrophes.

Vingt ans avant de se laisser conquérir elle-même, dans sa biographie de Pic de la Mirandole, elle avait déjà décrit comme une peste la chute de Florence et la victoire de Savonarole. Elle était fascinée que Florence, comme Weimar, se fût offerte au diable qui l'a détruite. La foi que suscite le moine aux pieds nus lui paraissait en tous points semblable à celle des talibans, des SS ou des gardes rouges.

Dans *Passage de l'ange*, elle raconte « l'arrivée des âges obscurs, l'irruption de la préhistoire dans l'histoire, de l'oubli dans la mémoire, de la mort dans la vie » après l'incendie du palais de Cnossos en 1250 avant notre ère par les peuples de la mer, la disparition de tous ses manuscrits et, à vrai dire, de l'écriture elle-même, qui mettait un terme à cinq cents ans de culture et de raffinement. Une tragédie qui a plongé la Crète dans le silence, malgré les efforts désespérés des scribes survivants, qui avaient tout perdu en une matinée, pourchassés par les sicaires mais chargés d'en faire le récit aux hommes de l'avenir et de sauver l'art scripturaire, et malgré les airs de flûte qui disparaissent moins vite que les monuments.

Elle excellait à décrire le vélin des volumes sacrés qui roussit, qui frétille et qui s'enflamme tout à fait. Mais elle se plaisait aussi à penser que l'incendie du palais de Cnossos, tout en détruisant les parchemins, avait cuit, durci, éternisé les tablettes d'argile fraîche entassées dans les caves, et qu'en somme non seulement la matière organisait elle-même la résistance à l'oppresseur, mais le feu dévastateur, destiné à tout abolir, devenait l'instrument du contraire. Ma mère se consolait de ces catastrophes, de ces gigantesques trous noirs où la mémoire venait s'abîmer, en songeant que « là où croît le danger croît aussi ce qui sauve », un vers de Hölderlin dont le Post-it se trouvait sur chacun de ses bureaux. Ce n'est pas en hégélienne qu'elle y croyait, comme on verrait une ruse de la raison dans un autodafé, une façon de mobiliser le pire pour préparer l'avènement du meilleur, mais en poète, en argiliste, en maîtresse des mots, convaincue qu'un récit l'emporte sur la destruction de ses copies. Et c'est tout naturellement qu'appliquant à son propre cas la structure persistante d'un désastre qui n'emporte pas tout, voire qui assure paradoxalement la survie de l'essentiel, elle refusait de croire que son cerveau pût s'abîmer, et plaçait tous ses espoirs dans sa plasticité. Là où croît le danger croît aussi ce qui sauve. C'était sa raison d'être et son déni. C'est de cette façon qu'elle se consolait de l'incurable, de la perte, de l'abandon, de la disparition et de l'amnésie collective ou individuelle. C'est la manière qu'elle avait trouvée de croire que tout ne disparaît pas tout à fait, ou que la situation n'est pas si préoccupante qu'on le dit. L'éternité, c'est la rançon du feu.

À l'inverse, dès qu'il était question de vie et non plus de mort, ma mère lisait le vers de Hölderlin dans l'autre sens : là où croît ce qui sauve croît aussi le danger. Et son optimisme historique, qui partait de la désolation face aux ravages du feu, cédait la place à un pessimisme existentiel, qui se faisait entendre dès l'apparition de la vie. Elle était maintes fois revenue sur une révélation qui l'avait saisie chez l'échographe en écoutant les battements mêlés de son cœur et du mien. À l'émerveillement devant ce tango désordonné, devant le twist dément des coups de gong du cœur maternel et des trépidations affolées du cœur naissant, succéda aussitôt l'idée insoutenable que ce petit cœur, plus tard, après le sien, finirait lui aussi par cesser de battre. En somme, la destruction n'emporte pas tout, mais la vie est marquée du sceau de la mort. Le goût pour l'éternité voisinait alors, en bonne intelligence, avec un pessimisme émerveillé.

Ce ne sont pas les vivants, les pauvres, qui oublient les morts. Ils pensent sans cesse à eux, rendent un culte à leur mémoire. Mais les morts, eux, oublient les vivants, de même que le rêveur une fois éveillé oublie les personnages de son rêve. Sans le vouloir, irrésistiblement.

C'était une journée banale, pleine de sollicitations, j'aurais parfaitement pu ignorer le SMS qui m'avertissait sèchement qu'en raison de mon « changement d'opérateur », l'ensemble de mes messages serait effacé à quatorze heures. Les centaines de messages vocaux de ma mère, ses paroles d'amour, ses commentaires ésotériques, ses cris de douleur, ses larmes et ses sourires, disparaîtraient incurablement, sous le couperet indifférent de mon prestataire vexé. C'est toujours le même feu qui repart, qui détruit ce qu'il peut sans se soucier de vos préférences, et puis plus rien. La cendre froide d'un souvenir que rien ne protège sinon la pulpe fragile du cerveau. L'impartageable sentiment de vivre avec un membre en moins.

J'avais quelques heures devant moi pour surseoir à tout le reste et organiser le sauvetage. Patiemment, j'enregistrai de nouveau chacun des messages, du plus hirsute au plus apaisé, du plus délirant au plus banal, découvrant au passage, comme des bouteilles à la mer, des messages que j'avais négligé d'écouter à l'époque. Parmi eux, de longs moments de silence où je sais qu'elle me parle micro coupé. Plusieurs minutes... Qu'a-t-elle pu me dire pendant ces minutes absolument perdues ? Combien de mots prononcés en vain ? Là est l'incendie tant redouté. L'oubli de l'oubli lui-même. Pour le reste, les sauveteurs ont bien travaillé. Ma mère croyait vivre dans l'indifférence des siens et ne voyait aucun avenir à la totalité de ses entreprises, de la plus grandiose à la plus humble, et voilà que ses petits messages sonores sont archivés comme autant de trésors.

Allô Raphaël, je sais que tu as cherché à me joindre à chaque fois que j'étais au bout du lit j'étais de l'autre côté avec le téléphone qui sonnait et j'arrivais pas à arriver au téléphone et après la fois d'après c'était l'inverse c'était toi qui étais à l'autre bout du téléphone et donc j'ai pas réussi à être là quand tu m'as appelée et je suis très malheureuse de ça mais je veux que ça s'arrange est-ce que tu vas me rappeler après avoir eu ce message et tu vas me dire combien tu es heureux d'entendre ma voix et moi je te dirai combien je suis heureuse d'entendre ta voix et on va parler de ta pièce que j'ai pas encore lue et donc ça va être très intéressant et très important je t'embrasse bien fort à tout à l'heure.

Au début de la grande démence, quand elle perdit tout à fait l'usage de son téléphone, je faisais encore le rêve éveillé de conversations érudites sur ses goûts littéraires et son bergsonisme intermittent, je voulais l'entendre avant que la tête ne partît tout à fait, compiler les bribes de mémoire avant l'éruption du Vésuve, rassembler ses ambitions, ses esquisses, recueillir les ultimes souvenirs de celle qui, bientôt, n'en aurait plus ou bien ne saurait plus les retrouver. J'ai rapidement revu mes ambitions à la baisse, et devant les progrès de la maladie, je m'en suis tenu au peu qu'elle pouvait donner, c'est-à-dire essentiellement des sourires radieux chaque fois que j'apparaissais.

Les mausolées sont si fragiles. Même celui de Lénine est temporaire. Certains êtres, observait ma mère, ont une destinée qui dépasse la durée de leur vie. Et elle se plaisait à imaginer Homère là-bas, dans le soleil de midi, incarnation du courage, tourné vers un avenir prodigieux, qui s'éloigne, la main droite levée en signe d'adieu fraternel, tandis que des larmes salées coulent sans retenue sur les visages des marins... Il en va tout autrement de Madame Michu, ou de ma mère peut-être. Dont les traces ont moins marqué la trame de la vie collective. Et dont les photos perdront leur sens quand les thuriféraires vieilliront eux-mêmes, avant de disparaître. Les mausolées, la collection de nos petits souvenirs, les albums, tout cela finit dans la longue série des jours oubliés. Les journaux deviennent des reliques, les objets deviennent des talismans. Photos, bijoux, lettres, papiers officiels... Il ne restera rien de nos petites pyramides. Leur raison d'être s'estompe avec la disparition des mémoires attachées. Quand la mère du narrateur de *La Recherche* perdit sa propre mère, Marcel raconte que sa mère n'eût pas échangé l'exemplaire annoté par sa mère des lettres de la marquise de Sévigné contre leurs manuscrits originaux. Elle était bien seule dans son cas. Tant de piété n'a de sens que pour une fille éplorée, qui mourra elle-même bientôt. Les survivants sanctifient aisément toutes les étapes d'une vie, comme si le petit musée de quelqu'un recouvrait le sentiment de son absence. Et l'on regarde les photos comme on gratte un plâtre pour lutter contre la démangeaison qui, bien en dessous, juste à la verticale, nous dévore la peau. Nous devenons les archéologues de nos parents, persuadés de vaincre la mort en reconstituant le passé. Cette inquisition dans les poubelles de nos morts nous paraît légitime, car le présent s'arroge tous les droits sur ce qui l'a précédé. Les derniers arrivés sur le théâtre du monde se considèrent comme les propriétaires de leurs prédécesseurs, de toutes les traces de leur passage, œuvres et déchets. L'espoir de vaincre la mort nous pousse à la fréquenter tous les jours, à marcher dans ses pas, à la reconnaître sous ses déguisements, à ferrailler avec elle dans la terre meuble des cimetières, sous les amas de pierraille, dans les architectures khmères ou les entrailles d'un vaisseau naufragé. Il faut avoir le cœur bien accroché pour reconstituer un squelette ou dépiauter une momie, analyser un ADN, reconstruire un visage à partir d'une mâchoire éclatée, gratter le fond des marmites, analyser les crânes, les tibias, les tissus et les ongles… Que reste-t-il de tant de mémoire volontaire ? Des archives stériles, que le temps pulvérise en abattant le collectionneur. Et ce rappel, implacable : à moins d'être un dinosaure, Homère ou bien un habitant de Pompéi, les souvenirs particuliers n'ont de valeur que pour le sujet qui s'en saisit. Et disparaissent avec la mémoire qui les irrigue. Non seulement les mausolées décrépissent, mais ils ne soignent ni la peine d'avoir perdu quelqu'un ni le sentiment désespérant que *c'est elle qui nous a oubliés*. Quand un être meurt, il cesse de penser à vous, il vous abandonne incurablement, il vous donne un avant-goût du néant. Ma mère est morte, son petit esprit volète, orphelin, entre la mémoire et l'oubli, ses vieux livres sont dispersés aux quatre vents, ses craintes, ses envies, ses amours sont réduites en fumée. Et elle nous a oubliés. Elle est devenue le feu.

Deuil dans la plaine éparse.
Au fond, un rideau d'arbres accueille l'horizon.
Il pleut dans les livres.

Ma mère était obsédée par le désir de planter de profondes racines dans le terreau de sa famille décomposée, mais elle n'aimait rien tant que les passions instantanées, les affinités intuitives, les rencontres du hasard et l'amour pour un inconnu.

Dans l'élaboration d'un pur sujet créateur, elle distinguait plusieurs mémoires.

« La mémoire immédiate », qui dure quelques millisecondes, le temps de sept chiffres ou de sept mots isolés.

« La mémoire à long terme », c'est-à-dire les souvenirs d'enfance du centenaire qui s'agrippe aux temps anciens mais serait bien incapable de dire où il vient de poser son stylo.

« La mémoire épisodique » ou celle des souvenirs involontaires qui vous assaillent sans prévenir, et vous bouleversent impérieusement. La mémoire des images enfouies, qu'une anecdote a sortie du réservoir de brumes où elle gisait intacte.

« La mémoire sémantique », qui désigne tout ce que nous savons sans savoir comment on l'a appris, c'est-à-dire la culture, et aussi ce qui reste quand on a tout oublié.

« La mémoire procédurale », qui gouverne les habitudes et les automatismes, qui préserve les apprentissages acquis. C'était sa favorite. La mémoire des mains, la mémoire qui enfle avec l'exercice, qui perpétue le geste, qui assure la position des doigts sur le clavier. C'est la mémoire qui perdure, au-delà de nos défaillances. La mémoire de la centenaire qui retrouve les mouvements de la danse du cygne. La mémoire du perfectionniste, célébrée dans *Un jour sans fin*, qui met à profit l'enfermement dans une seule journée pour devenir un artiste dans tous les domaines. C'est la mémoire que met en œuvre celui qui répète mentalement un morceau, ou le skieur qui s'apprête à dévaler une piste... C'est cette mémoire-là, qui lui paraissait plus puissante que tout, qu'elle opposait à sa maladie, comme une ville exhibe tous ses atours pour dissuader les barbares de l'envahir.

« La mémoire auditive », qu'elle trouvait plus précise que la mémoire visuelle, car il suffit de fredonner quelques notes pour que toute une sonate se déroule, avec la nécessité d'un souvenir involontaire, et sans fausses notes. Rares étaient les textes, aux yeux de ma mère, qui procurent une sensation de retrouvailles (le traité *De la dignité de l'homme*, *Les Fleurs du mal*, *Andromaque*, *Le Bateau ivre*...), mais aucune des réminiscences stupéfiantes qu'ils ménagent n'égale le bonheur d'entendre ou de retrouver sous ses doigts le prélude de Bach en *do* dièse majeur.

« La mémoire musicale », qu'elle découpait en *mémoire visuelle* de la partition, *mémoire digitale* de chaque groupe de notes (la compétence inscrite dans les doigts par des heures d'étude), *mémoire élargie* qui se représente l'ensemble du morceau comme un édifice, et *mémoire objective* (c'est-à-dire le solfège).

« La mémoire intérieure » ou « les palais de la mémoire », les cathédrales de science qu'on édifie dans le silence, seul antidote aux incendies qui s'en prennent aux palais de pierre et à leurs bibliothèques. La mémoire dont Giulia Boiardo et son maître Bolsoni ont appris l'importance à Pic de la Mirandole, déterminant sa vocation d'érudit. Une mémoire dont les quantités augmentent l'espace, car plus on sait de choses, plus il y a de place ; une mémoire impalpable, quoique soumise à la matière d'un corps, une mémoire qui s'élargit à mesure qu'on la remplit mais infiniment fragile, exposée au moindre accident ou à la moindre maladie venue la détruire sans y penser. *La vraie bibliothèque est là-dedans*. Une bibliothèque intime, tissée de culture et de réminiscences, gardée par le sceau de l'ange Raphaël, qui descend du ciel pour donner au nouveau-né l'ordre de ne rien dire du paradis, et qui scelle d'un index posé sur les lèvres, laissant un sillon entre le nez et la bouche, la promesse de garder le secret pour soi. Une mémoire sans limites, comme un remède lui-même friable à la destruction par le feu et l'engloutissement dans le temps perdu. Ma mère, c'était tout un monde, un monde analogique, un monde d'albums photo, un monde où le lecteur défie l'oubli en retenant tout ce qu'il a lu. Elle était la cheffe d'une tribu d'individus valeureux dressés contre l'inéluctable, qui opposent au rouleau du temps les prouesses de leurs mémoires respectives. Sa lutte était le combat de chaque lettré qui transporte avec lui la totalité de ses souvenirs, dont la bibliothèque au grand complet loge à l'intérieur du cerveau.

Et puis il y a la mémoire collective, où je voudrais qu'elle trouve une petite place, qu'elle se perpétue à la façon d'une mélodie, d'un effort, d'une réplique inattendue, d'un sourire, d'un livre avec sa signature. Je voudrais qu'on retienne d'elle le souci d'extraire de l'oubli les amants contrariés et les papyrus sans interprètes, ou bien une certaine façon de courber les doigts à l'approche des touches. Je voudrais que tout cela n'ait pas été vain, je ne me résous pas à l'abandon de choses si petites. Je voudrais que quelqu'un reprenne ses gestes et joue ses partitions, que son bel esprit lui survive et hante ces pages à la façon d'un djinn facétieux. Car ma mère n'a pas laissé que des traces, elle a aussi laissé des livres vivants, qu'elle a infusés de son esprit, où elle persiste à sautiller de touches en sujets, avec lesquels je noue un dialogue au long cours, qui va bien au-delà de l'exhumation des souvenirs de vacances, et qui mérite un autre conservatoire que la célébration provisoire des petites particularités de sa vie, qui mérite qu'on s'attarde sur ce qu'elle raconte et qu'on la sorte du hangar où son souvenir attend son sort, pour l'installer dans une tanière décente et durable.

Je me plais à imaginer que les morts disposent dans l'au-delà d'un habitat qui est à la mesure du souvenir qu'ils laissent. L'abbé Pierre, par exemple, avait un château au beau milieu d'un parc, et s'apprête, délicieuse ironie, à devenir SDF. Ma mère, dont les lecteurs sont peu nombreux et dont les amies vieillissent et meurent à leur tour, habite pour l'heure un petit F2 dans un immeuble appelé à la destruction, dont les murs rétrécissent à mesure que disparaissent ses copines ou qu'elles-mêmes perdent la mémoire. Je voudrais donc organiser son déménagement dans une chaumière sans prétention, mais stable, à l'abri de l'oubli. Pas un palais, dont elle ne saurait que faire. Mais une maison à sa mesure, une petite bâtisse pimpante, musicale, sauvée du néant par la grâce de lecteurs retrouvés, où il est agréable de prendre le thé. Son souvenir mérite mieux que la mémoire émue des rares qui l'ont connue. Ma mère était trop fine pour disparaître tout à fait. Tant d'érudition, tant de candeur... Elle prenait sa vision du monde pour un rempart comme un chapandaz enroule des pages du Coran autour d'une jambe blessée. Une telle naïveté m'impose d'esquisser, même à gros traits, l'être qu'elle fut, et de la décrire comme une grâce. Moins qu'un fantôme, plus qu'un souvenir. Un esprit. Dont on comblerait les vœux en peignant les goûts.

Une phrase sans mots, deux mesures de beauté, trois cuillères d'harmonie avant de dormir, et vous ferez de beaux rêves.

De même qu'elle opposait une théorie du frisson esthétique au tremblement intempestif qui lui gâchait la vie, ma mère, en musicienne philosophe, voulut répondre à la dissymétrie croissante de son propre corps par l'élaboration d'une pensée de l'harmonie. Plus il lui était difficile de mettre sa main gauche au service de la musique, plus son côté sinistre demandait à être réparé, plus elle se sentait mal à gauche, défectueuse, abîmée, malhabile, plus ses forces l'abandonnaient comme les lourdes portes d'une prison se referment lentement, plus elle se réclamait d'une pensée holistique, plus elle était sensible à la dialectique du yin et du yang ou du ish et du isha hébraïques, refusant la partition de son corps en éléments distincts, réagissant comme l'Ukraine à la déclaration d'indépendance de sa main gauche, et théorisant donc, à cette fin, la notion d'harmonie. Art-mot-nid.

Tout à son esprit syncrétique, elle entreprit de mettre les dernières découvertes de la science en matière d'imagerie au service du dynamisme bergsonien, contre le scientisme de Broca (prophète de la « localisation cérébrale »). Grâce à la science, le cerveau a cessé d'être une boîte de Pandore pour devenir une totalité dynamique, une totalité ouverte indéfiniment souple dont chaque nouvelle cicatrice est un nouveau chemin. Nous savons maintenant que le cerveau n'est pas un stock mais une capacité constamment renouvelée et un ensemble créatif, ou que, comme un lézard fait repousser sa queue, le cerveau est le seul de nos organes à se réparer lui-même en cas d'accident en inventant de nouveaux circuits. Mais nous savons surtout que la mémoire humaine est une conservation sans conservatoire, qu'un cerveau rappelle le souvenir mais ne le stocke pas, bref, qu'il n'existe pas de souvenirs à l'échelle moléculaire. C'est la raison pour laquelle, observait-elle, les scientistes ont déchanté quand ils ont comparé le cerveau à un ordinateur ou à un logiciel. Ma mère mettait volontiers en rivalité la puissance de calcul d'un ordinateur avec « le peuple des neurones, ces arbres mystérieux qui tapissent notre cerveau, et dont les branches sont aussi des racines, abouchées les unes aux autres par l'intermédiaire des axones et de leurs délicates dendrites ». Et, tandis que son propre cerveau montrait les premiers signes de décomposition, elle s'émerveillait que sa plasticité offrît aux aveugles la possibilité d'utiliser les zones préposées aux images pour apprendre le braille, ou qu'elle permît à un pianiste de reprendre, comme une conversation, l'enregistrement d'un nocturne interrompu par des bombardements six années plus tôt. En vérité, ce qu'elle pressentait, tout en s'extasiant de la disproportion comptable entre le nombre de connexions du cerveau et le nombre d'opérations d'un ordinateur, c'était le fait que, plus que la complexité de l'activité cérébrale, seule la simplicité d'une émotion, qui s'épanouit en traces complexes dans le cerveau, nous mît hors d'atteinte des machines. Mais à moi, avec ses recherches et son érudition phénoménale, dans ce pancrace entre la connaissance et la maladie, elle faisait penser à Socrate qui, dans le *Phédon*, se hâte de démontrer l'immortalité de l'âme avant de consentir à prendre la ciguë.

Je vois sur ton visage, au petit espace qui sépare tes lèvres de ton nez, que l'ange Raphaël a bien rempli son office, mais ta mémoire est plus vaste que ton esprit oublieux, et tu portes l'univers entier dans ton cœur, depuis l'aube des temps...

Quand j'ai publié mon roman, *Le Temps gagné*, où je raconte les vingt-cinq premières années de ma vie, et notamment les coups que j'ai reçus dans l'enfance lorsque j'habitais chez ma mère, j'eus la surprise désagréable de subir le déni de mon autre famille face au récit des violences dont j'avais fait l'objet. C'est dans un silence délicatement réprobateur, aux antipodes de toute sollicitude, qu'ont été accueillis mes douloureux secrets de polichinelle et les détails de mon petit calvaire. *Es-tu vraiment certain, mon chéri, d'avoir été battu comme ça ?* me demandait-on, non sans douceur. *Car moi, je n'en ai aucun souvenir...* Aucun souvenir ? Mes larmes, mes complaintes, les coups de fil dantesques, les menaces que, dès mes quatre ans, mon père avait adressées à Isidore s'il levait à nouveau la main sur moi... Pourquoi voulaient-ils, à tout prix, avoir oublié tout ça ? Pourquoi tenaient-ils tant à jeter l'ombre d'un doute sur mon témoignage ? J'avais reçu des gifles, et après ? La belle affaire. On ne parle ici ni de viol ni de torture. Était-ce si grave qu'il fallût le taire ? Le dire est pourtant moins dangereux que le subir. Tant pis. Tous ceux qui n'en avaient pas été les témoins directs ont estimé que j'avais forgé ce récit de toutes pièces, que j'étais devenu fou, que je n'avais jamais été battu, que j'étais seulement parti de chez ma mère parce que je préférais l'autre camp et que les gifles abondamment documentées par une mémoire en béton n'étaient que le fruit d'une imagination délirante.

Pourquoi leur était-il si difficile d'admettre que je disais vrai ? Pourquoi aurais-je entrepris, à quarante-trois ans, d'inventer mon enfance ? Pourquoi un livre dont il leur était aisé de vérifier en maints endroits qu'il était véridique serait-il mensonger sur la question des violences ordinaires dont j'avais fait l'objet ? Il faut vaincre bien des obstacles pour raconter sa vie, à commencer par le sentiment d'avoir rêvé ce qu'on raconte. Mais, une fois que le livre existe, il reste à vaincre l'incrédulité persistante de ceux qui ont juste intérêt à penser, sans y avoir assisté, que les choses se sont passées différemment. Moi qui croyais enfoncer une porte ouverte en racontant qu'Isidore m'élevait à coups de gifles, je fus sidéré d'entendre mon père nier cette violence, ou dire que je l'avais inventée. Je n'en avais pourtant jamais fait mystère. Et puis j'avais mes preuves. J'avais en tête la lettre de mon père sur papier bleu à l'intention d'Isidore, qu'il menace de tuer s'il touche à nouveau ne serait-ce qu'un cheveu de son petit Raphaël, ou bien ces réunions bipartites où Isidore, sous un déluge de mots, noyait le fait qu'il m'avait bien giflé pour expliquer combien je l'avais mérité. Peu importe. Il fallait que j'eusse inventé ma propre enfance pour raconter ainsi ce qui m'était arrivé.

Seule ma mère, qui était plus concernée que mon père par les coups que mon beau-père me donnait, et à qui je reprochais une lâcheté plus immédiate, plus coupable encore, bouleversée par mon récit, avait aisément tout admis.

Elle vivait déjà dans un Ehpad, rue des Vinaigriers, où j'allais la voir trois fois par semaine, et nous passions de longs moments dans le jardin à boire du thé en fumant des cigarettes. Diminuée, constamment assise, ma mère n'en avait pas moins encore de vrais moments de lucidité, qu'on mettait à profit pour parler d'elle, de son passé, de ses ancêtres, de mon avenir, et pendant lesquels je lui lisais des pages de mon livre. Les plus difficiles pour elle. Celles qui revenaient en détail sur la décennie maudite que j'avais passée dans son grand appartement, ballotté entre la violence de l'un et l'incurie de l'autre. Des pages où je ne l'épargne guère, où je décris complaisamment son rôle dans la mécanique perverse qui consiste à convaincre celui qu'on frappe qu'il est seul responsable des coups qu'il reçoit. Où je décris son abdication, sa faiblesse devant mon beau-père violent, la façon dont elle détourne le regard ou dont elle prend fait et cause pour son homme aux dépens de son enfant. Elle écouta pourtant tout ça d'une mine impassible. En trois jours, j'avais lu les cent pages de mon enfance chez elle sans qu'aucune réaction marquante se fît voir. C'est bien. C'est bien écrit, me disait-elle. Puis, légèrement inquiète : Tu me liras la suite demain ? Le lendemain je continuai ma lecture, qui ne suscitait de sa part que des commentaires lapidaires. Deux cents pages plus loin, Isidore avait depuis longtemps disparu du paysage quand au détour d'une mésaventure amoureuse (un pied de chaise que je prends pour le pied d'une jeune fille qui me plaisait), j'évoque, sans m'y attarder, dans une parenthèse, le jour où Isidore m'avait écrasé un doigt de pied avec sa chaise et, au lieu de se soucier du mal qu'il venait de me faire, avait éloigné la chaise avec mauvaise humeur pour s'esclaffer ensuite d'un rire forcé qui cherchait l'assentiment des convives.

Or cela, cette petite scène, ma mère s'en souvenait précisément. Car elle se souvenait par cœur d'avoir eu honte d'elle-même quand, au lieu de lui reprocher de m'avoir écrasé le pied, au lieu de taper un scandale, au lieu de quitter cette brute, pour éviter les emmerdes et l'horreur de tout reprendre à zéro, elle s'était tue, elle avait consenti à ça, elle avait instauré un mur de silence autour de moi comme on l'avait fait avec elle. Et, le soir même, elle s'était couchée près de cet homme qui n'avait aucun souvenir d'avoir, un peu plus tôt dans la journée, fait mal à son fils. Quarante ans plus tard, dans son fauteuil roulant, devant un thé froid, après avoir allumé une deuxième cigarette, ma mère se mit à parler.

Je ne sais plus si c'est en France ou en Italie. Il y a des gens qui sont assis en rond, qui bavardent, les Trilling, Marie Moscovici, et moi je suis un peu intimidée, assez fière d'être avec tous ces gens intelligents, ces psychanalystes, et je ne veux pas casser tout ce qui a été construit entre Isidore et moi. C'est alors que, maladroitement, sans le faire exprès, Isidore s'assied avec son pied de chaise sur ton pied. Il s'est assis, il a posé sa chaise sur ton orteil, tu as crié, son visage s'est durci et il n'a rien dit. Et toi, tu pousses le cri normal de quelqu'un dont on vient d'écraser le doigt de pied. Et lui ne s'excuse pas, ne fait aucun commentaire, et moi je suis bouleversée par ce silence. Comment se fait-il que je n'aie pas réagi, que je ne t'aie pas pris dans mes bras, mon petit garçon d'amour ? J'en ai eu honte tout de suite. Le même soir, j'étais dans la chambre avec lui et il a insisté pour me lire un extrait de son livre qu'il était en train d'écrire, qui racontait comment son héroïne s'enfonce des objets dans le derrière. Et lui trouvait ça très intéressant. Et moi je me demandais pourquoi je n'avais pas réagi. Probablement parce que nous étions avec ces amis, et que c'étaient des gens très impressionnants, des psychanalystes, des élèves de Lacan. J'étais sous influence. J'avais peur de tout briser, peur de tout perdre, je croyais encore aimer ce con, j'aimais notre groupe d'amis, presque tous musiciens, et j'avais peur de cet homme qui n'était pas fiable ni affectueux, j'avais déjà fait des dégâts en rompant avec Jean-Paul, je ne pouvais pas m'offrir le luxe de recommencer, je n'en avais pas les moyens physiques, ni psychiques, ni financiers. Je n'avais qu'une envie : rendre mon fils heureux, l'arracher à cette situation absurde, le réconcilier avec la vie… eh bien c'était réussi ! Il a posé le pied de sa chaise sur le pied de mon enfant mon trésor mon amour, l'enfant a crié de douleur, et moi pauvre chose je n'ai rien dit rien fait pas bougé, il y a quarante ans que ce non-événement a eu lieu et je ne comprends toujours pas ma nullité, ma honte de femme sous influence, pauvre femme sans courage… La honte que j'ai éprouvée ce jour-là est restée avec moi comme quelque chose d'effrayant. J'ai dit à Raphaël des années plus tard que Raphaël était victime d'une maltraitance inadmissible et que j'avais participé à cette maltraitance en ne me récriant pas, en ne demandant pas pardon tout de suite à Raphaël, et j'ai attendu des années pour le faire…

On ne pouvait plus l'arrêter. Elle était devenue parleuse. Elle en avait oublié que j'étais là. Comme un paléontologue recompose un sauropode de trente mètres à partir d'un fragment de fémur, elle avait tout reconstruit à partir d'un pied de chaise. Je l'entends encore, malgré sa mémoire en fuite, qui me défend, qui raconte et qui détaille. Les coups, les mauvais procédés, les petites humiliations, tous les signes de l'objective petite guerre qu'un géant faisait au gamin qui n'avait pas choisi de vivre chez lui. J'avais déclenché une avalanche de souvenirs involontaires et de réflexions amères. Et de l'entendre, elle, me raconter ce que j'étais seul à dire que j'avais vécu, c'était comme un cogito, comme un câlin rétroactivement réparateur, comme une certitude si fiable qu'on peut tout construire dessus, comme un récif au milieu du courant, qui donnait à mes souvenirs une valeur absolue, qui les dotait d'une consistance dont j'avais fini par douter à force de n'être pas cru. Je n'avais pas rêvé. Dans le secret de ma solitude, je n'avais rien inventé. C'étaient les autres, les membres de ma famille, qui déraisonnaient en m'accusant d'avoir forgé de toutes pièces un récit embarrassant. J'accueillis comme une faveur du ciel la reconnaissance, par la première concernée, des choses qu'il était si difficile de dire et bien douloureux de voir niées une fois qu'on les a dites. Seule ma mère, qui perdait la tête, savait que je n'étais pas fou.

Quand on reçoit des coups, on commence par considérer qu'on les mérite (car ça leur donne un sens) puis, avec le temps, on vient à douter de les avoir reçus. Toute l'omerta des familles vous y invite. Et la chose vous reste, comme un vilain caillou dans l'intestin, qui prend racine sans jamais se dissoudre, et finit par vous empoisonner en agglomérant la merde à l'entour. Quand on l'expulse, par l'écriture ou la thérapie, chacun vous fait le grief de son odeur, alors qu'il s'agit essentiellement d'un corps étranger, et que c'était, pour vous, une question de santé. Les familles sont des tombeaux, qui vous apprennent à manger des cailloux. Une fois qu'on a vaincu ces obstacles, qu'on a sorti la chose, qu'on en a accouché, et qu'on reste seul avec ses petites certitudes et la culpabilité, inlassablement ranimée, d'avoir rompu le silence, on a bien besoin d'une alliée. Ma mère était cette alliée. Impitoyable avec elle-même, ses silences et ses compromissions, elle trouvait nécessaire de raconter l'histoire où elle jouait pourtant un si vilain rôle. Et dans son Ehpad elle mettait les dernières forces de sa mémoire et la pureté de son témoignage au service de ma cause. J'étais sauvé.

Mon roman venait de paraître, Isidore me faisait un procès où il réclamait 70 000 euros et la suppression de cinquante pages du livre. C'était décidé, elle témoignerait contre lui. Isidore contestait les faits. Ma mère les avérait. Quelques mois plus tard, son témoignage fit pencher la balance. Et tandis que mon père se persuadait que j'étais mythomane, tandis que toute ma famille me tournait le dos, seule ma mère qui, depuis son fauteuil roulant, n'était pas moins que les autres sur le banc des accusés, m'apporta un soutien indéfectible. De sa main tremblante, elle a écrit le mail qui accusait son ancien compagnon... *Ton livre*, me disait-elle, *c'est quelque chose qui descend du ciel, et qui vient rigoler avec moi.*

Quelques mois plus tard, nous avons gagné. À l'issue du procès, Isidore, qui n'était pas venu mais qui, de loin, m'avait accusé d'avoir falsifié les mots pleins d'amour que ma mère a eu tant de mal à taper, a été débouté de l'ensemble de ses demandes. La bête a trouvé sur son chemin la Sainte-Alliance d'un fils et de sa mère. Plus personne ne touchera à mon livre. Comme une grotte qui s'est transformée en église clandestine pendant l'occupation ottomane après qu'on a bouché ses autres issues pour la préserver des émanations sataniques, et comme elle l'avait fait vingt ans plus tôt quand j'avais choisi l'amour aux dépens de la réputation, ma mère m'avait protégé.

Mais bien sûr, j'ai tout faux.

Nous l'avions croisé, Isidore, mon père et moi, contre toute attente, lors d'une visite au centre de rééducation fonctionnelle de Villiers-sur-Marne où ma mère se remettait lentement de la pose d'une hanche, et dont le médecin-chef, un connard de spécialiste qui n'était compétent que sur les prothèses, voyant qu'elle délirait de solitude, recommanda qu'à son retour en Ehpad elle fût mise en « unité de vie protégée », c'est-à-dire chez les fous. C'était la grève, c'était le Covid, je n'avais pas de voiture. Et je savais qu'à rester seule des journées entières dans cet endroit lugubre ma mère allait mal tourner, comme un vieux lait. Alors mon père, de passage à Paris, avait accepté de m'y conduire. Pouvais-je m'attendre à tomber sur l'autre ?

À l'époque, mon livre n'était pas encore paru, et Isidore ne me vouait pas une haine mortelle, mais l'atmosphère s'était singulièrement dégradée entre nous depuis que l'homme, juché sur de vieilles compétences médicales, avait pris l'habitude de dispenser conseils, initiatives et recommandations au sujet de Maman d'un ton péremptoire, voire ironique, sans lui-même jamais bouger son cul. De quel droit se mêlait-il, à distance, du soin qu'on devait à notre mère ? Cédant au plaisir de parler avec rudesse au type qui m'avait tant fait peur, je l'avais averti que s'il se mêlait encore une fois de donner son avis sur le lieu où elle essayait de vivre alors qu'il était infoutu d'appeler un hôpital le jour où elle avait failli mourir, s'il recommençait une fois, une seule fois, à se mêler de ce qui ne l'intéresse que quand ça lui sert à écraser les autres de sa supériorité morale, malgré ses quatre-vingts ans, il allait vraiment *avoir affaire à moi*. On est allés, lui et moi, d'une dissymétrie à l'autre. Comme un changement d'état qui aurait fait l'économie de la continuité, ma relation avec Isidore était passée de sa suprématie à ma propre domination. Il a bien dû exister un moment où, entre sa chute et mon ascension, nous étions de force égale. Bref, entre nous, c'était glacial, sans plus.

Mais ce qui était fou, c'était que, telle la reine de sa propre vie, ma mère eût soudain, sous la main, les deux hommes qui avaient compté le plus, les pères de ses enfants, et qu'un parfait hasard réunît à son chevet, dans la même cellule hospitalière, le père, la mère, le beau-père et le fils qui s'aimaient si peu et se connaissaient si bien. On s'était tellement disputés tous les quatre, on s'était tellement battus. Mon enfance était un champ de bataille. La dernière fois (était-ce la première ?) que nous avions été réunis tous les quatre dans la même pièce, c'était le jour où, parce que je m'en étais plaint, nous nous étions retrouvés dans la cuisine de l'Ancienne-Comédie, pour écouter Isidore, plein d'une autorité érudite, justifier dans un long monologue où il mêlait du Lacan à des détails sordides les « roustes » qu'il était contraint de m'administrer.

Moi qui étais constitué par l'hétérogénéité radicale de mes deux univers primitifs, dont l'identité reposait sur une double appartenance et sur deux mondes, j'étais paradoxalement déchiré par cette compresence, comme assis entre deux polarités identiques qui se repoussent incurablement et qu'on a mises dans la même pièce. Tant de larmes, de coups, de départs forcés, de punitions, de querelles majeures et de dénis, pour en venir là. Tous les quatre, dans la même pièce. Tous les trois plutôt, autour de ma vieille mère rafistolée. Trois antithèses et une prothèse. Quelle hospitalité.

Seulement ma mère, ce jour-là, considérablement abîmée par plusieurs jours d'une solitude que rien n'était venu rompre, était tout à fait mal à son aise. Non qu'elle délirât, mais elle était en crise, on eût dit que son corps l'encombrait tout entier. La discussion aurait pu porter sur des sujets fondamentaux ou marrants. Ou alors on aurait pu se taire en souriant du hasard étrange, ou de la providence, qui choisissait de nous réunir. On aurait pu lui donner des bisous sur la main, chacun d'un côté. Lui raconter des blagues juives, Séfarades contre Ashkénazes, ou bien lui parler de Formentera. Confronter Freud et Stendhal ou se disputer le privilège d'être le premier à raconter ce moment dans un livre... Mais non. On s'est seulement, vainement, souciés, chacun son tour, pendant une demi-heure, de faire en sorte qu'elle se sentît un peu moins mal. Et seules ses plaintes répondaient à nos tentatives. On la touchait, elle gémissait, on ne la touchait pas, elle gémissait encore. Elle réclamait, à intervalles réguliers, qu'on lui retirât l'oreiller qu'elle avait sous le pied, alors que c'était la seule chose qu'on ne pouvait pas enlever. « Es-tu mieux ainsi ? - Oui... Non ! » répondait-elle en gémissant de plus belle. Au bout de trente minutes, épuisés par ce cirque, les deux hommes de sa vie sont partis. Et se reverraient au cimetière.

Je me voyais bientôt pliée en deux à angle droit.

Femme de ménage, infirmière, Samu, médecin de garde, généraliste, neurologue, oncologue, radiologue... de l'aide à domicile aux soins palliatifs, la proportion d'anges et de connards, de héros du quotidien et de purs salauds, est rigoureusement la même dans le monde du soin que partout ailleurs. Mais dans l'univers hospitalier, les anges (comme l'exquise professeure Bats) ont le pouvoir, d'un sourire ou d'une attention, de vous rendre la vie, alors que les connards peuvent prématurément vous mettre six pieds sous terre. Il faut dire, à la décharge des connards, qu'on trouve aussi de tout parmi les patients, surtout à Lariboisière, éclopés, défoncés, massacrés de la vie qui traînent leur carcasse en fauteuil roulant et jettent leurs mégots dans ce rectangle de verdure majestueux.

Ma mère venait de se faire opérer d'un vilain staphylocoque. J'arrivais à l'hôpital les bras chargés d'eau pure, de Pim's, de chips, de saucisson et de madeleines au chocolat.

Comme il existe en classe des élèves odieux et d'autres agréables (on oublie volontiers les seconds), il existe à l'hôpital des malades exemplaires, qui n'osent jamais se plaindre et qui accueillent le moindre soin comme une faveur de la part du personnel, et ceux qui persistent à réclamer des attentions démesurées comme un sourire ou bien une discussion.

À peine la porte de l'ascenseur s'était-elle ouverte sur le long couloir que j'entendis des hurlements familiers. Ma mère était en pleine bouffée délirante et criait de toute la force de ses poumons. « À l'aide ! Au secours ! Madame ! Monsieur ! Aidez-moi ! Je ne comprends pas. Dis-le-moi s'il te plaît ! Tu vas appeler, oui ? À l'aide ! » Ses lamentations incohérentes résonnaient dans tout le couloir, on n'entendait qu'elle. J'étais presque gêné. Mais soudain je vis deux infirmiers en pleine discussion à proximité de la chambre de ma mère, dont la porte était ouverte, qui, au lieu de lui venir en aide, de lui demander ce qu'ils peuvent faire, d'apaiser son angoisse, de lui donner quelque chose, fût-ce un sourire, de faire leur métier en somme, se partageaient en riant des photos, parfaitement indifférents aux éclats dont ils devaient avoir l'habitude. Je l'ai d'abord laissée crier, juste pour voir combien de temps ils allaient supporter ça sans s'inquiéter de son état. Et comme ils ne bougeaient pas, je finis par leur passer devant sans un mot avec un regard furieux et j'entrai ostensiblement dans la chambre de la malade. J'espérais susciter au moins un peu de gêne. L'embarras du connard pris sur le fait, mais non. Ils m'ignorèrent totalement. J'aurais voulu les tuer.

Dans *La Mort d'Ivan Illitch*, Tolstoï décrit l'abîme entre les angoisses inouïes d'un mourant, l'intense et constant prodigieux déplaisir de sentir dans sa chair qu'on s'achemine inexorablement vers la mort, et les petites habitudes des vivants qui l'entourent, qui ont bien d'autres chats à fouetter, et qui ne s'occupent du moribond que pour avoir la paix. Comment en vouloir aux vivants ? Les mourants ne sont pas seulement des fardeaux, mais des promesses. Le mourant n'est pas le passé, le mourant, c'est le futur. Ses plaintes et ses gémissements ne sont pas seulement horripilants mais annonciateurs. Traiter cela par-dessus la jambe quand on est pourtant préposé au soin, c'est la défection la plus compréhensible qui soit. L'égoïsme n'est jamais innocent. Sous l'indifférence, il y a l'esquive. Peu importe. J'aurais bien cassé de l'infirmier.

C'est à son téléphone que ma mère adressait ses suppliques. Après avoir oublié son code et bloqué l'appareil pour la centième fois, elle en était réduite à demander au smartphone de m'appeler et à trépigner devant la mauvaise volonté de la machine. Mon arrivée, qu'elle saluait toujours d'un grand sourire, aurait dû l'apaiser, mais il n'en fut rien. On ne sort pas si aisément de l'inquiétude. Quand l'angoisse s'est donné un hochet, elle ne le lâche qu'à regret, et tandis que j'étais devant elle, les bras chargés de trucs qu'elle adorait, elle continuait de hurler contre l'insolent téléphone qui refusait d'appeler son fils. À chaque opération, je perdais un peu plus mes pouvoirs.

Enfin, elle s'est un peu calmée. Elle a pris acte de ma présence.

– Tu es inquiet pour ma santé mentale ?

– Un peu, Maman.

– Désolée. Je ne peux pas te rassurer.

Il ne s'agit au fond que d'une extension du domaine de l'asymétrie.

– Tu vois, mon Raphaël, les pianistes ont plein de problèmes. Les uns, c'est la mauvaise mémoire, les autres, ce sont les voisins, les troisièmes, c'est la difficulté à déchiffrer, les quatrièmes, ce sont des mains trop petites... Moi, mon problème, c'est que je suis excessivement droitière. Comme ces lutteurs de bras de fer qui ont un bras géant et un bras miniature. Résultat : j'ai du mal à savoir si ma main gauche est mal en point, ou si elle est juste maladroite. Probablement les deux. En tout cas, je n'ai jamais autant envié les gauchers.

– Pourquoi ?

– Mais parce qu'ils sont habiles là où je suis empotée ! Ils font des sauts de cabri sur les graves du clavier. Ils obtiennent sans effort ce qui me prend des heures et des jours de travail. Les gauchers sont des marginaux mais les gauchers sont des veinards. J'envie les gauchers comme j'envie les sourds qui peuvent mener plusieurs discussions à la fois, ou les myopes qui ne reconnaissent que les gens qu'ils ont envie de voir. Et je ne te parle pas des ambidextres ! Des dieux ! Rien ne leur fait peur. Aucun arpège ne les impressionne. Ils peuvent tout faire !

Soudain, elle devint plus sombre.

– As-tu remarqué que dans *La Nuit du chasseur*, c'est la main droite de Robert Mitchum qui s'appelle LOVE et la gauche HATE ?

– Normal, après ça, qu'il passe l'arme à gauche.

– C'est malin.

– Tu ne devrais pas regretter d'être droitière. C'est ton côté comme les autres, ça te fait un handicap.

– Je t'assure, mon petit chéri, que je n'ai pas besoin de handicap en ce moment. J'ai ma dose. Et plus j'essaie d'atténuer la supériorité de ma main droite, plus ça s'aggrave.

– C'est parce que tu progresses.

– Ou l'inverse. Je sens bien que Main Gauche n'est pas contente, qu'elle vacille, qu'elle tremblote, qu'elle se tend, qu'elle fatigue prématurément. On dirait qu'elle proteste.

– Tu en as parlé avec elle ? (J'avais bien entendu que ma mère personnifiait spontanément sa main, et disait « Main Gauche » avec une majuscule à chaque mot, mais comme je ne savais pas si c'était l'effet du génie ou des médicaments, j'entrai volontiers dans son jeu.)

– Et comment ! Je n'arrête pas !

– Que lui dis-tu ?

– Qu'elle me déçoit, qu'elle me déceptionne, comme disait Mimi, qu'elle est devenue faiblarde et lourdingue à la fois.

– Tu n'as pas peur qu'elle se vexe ?

– Si elle se vexe, je saurai ce qui ne va pas. L'autre jour, je lui ai dit qu'on risquait de finir comme Schumann, à l'asile, et tu sais ce qu'elle m'a répondu ?

– Non ?

– Que ça dépendait de moi et de mon cerveau ! Qu'une main toute seule ne pouvait pas devenir folle, et qu'il fallait être une personne entière pour ça.

– Ce n'est pas faux. Et c'est rassurant.

– Pourquoi ?

– Parce que tu as encore de la marge !

– T'y es tellement gentil, mon fils. En fait, j'essaie de trouver un compromis avec Main Gauche. Je la flatte en lui rappelant chaque matin que, pour les sauts d'octave, c'est encore elle la championne. Mais quels que soient nos arrangements, il y a toujours cette vilaine tendinite de la main ou du poignet, tellement désagréable.

– Simone Weil a dit : « La plupart des Occidentaux ignorent l'art de souffrir, tout ce qu'ils savent, c'est se ronger d'angoisse. »

– Non, c'est Etty Hillesum. Et puis je voudrais t'y voir ! Tu sais qu'il y a quelques années, sous les conseils d'Irakly Avaliani, j'avais mis au point une technique qui me permettait de détendre mes mains tout en jouant ?

– Sans blague ?

– Blague à tabac ! Il s'agissait de reposer les doigts entre deux notes.

– Comment tu fais ?

– Ce n'est pas compliqué. Tu dois vider les doigts de toute l'énergie accumulée dans une note, et pour ça, tu dois prendre un peu de hauteur, bondir au-dessus du clavier dès que possible, pour y revenir avec une gourmandise toute fraîche – un peu comme des humains après l'orage nucléaire, qui fabriquent des avions supersoniques, capables de les emmener quelques instants dans la clarté, au-dessus du nuage éternel, et de leur donner à entrevoir le soleil avant de retomber dans le gris.

– Dit comme ça, c'est limpide.

Ma mère accompagna sa démonstration d'un geste éloquent de l'index gauche frappant un grave *mi* bémol avant d'effectuer un vol en cloche et d'atterrir trois octaves plus loin, avec l'assurance d'un entraîneur qui parvient encore à effectuer les exercices qu'il recommande. Ce petit moment d'exhibition m'inspira la question qui fâche.

– As-tu envisagé la possibilité que ta main gauche soit jalouse de la droite ?

– Chut !

– Quoi ?

– Ne lui en donne pas l'idée !

Je me tus.

– Jalouse, je ne sais pas. Admirative, c'est sûr. Je la comprends. Elle apprécie la performance, elle envie le délié, elle voudrait bien faire pareil, mais elle n'ose pas. Alors, de honte, ma main gauche se traîne à mes pieds. Il faut que je la ramasse.

– Et que tu lui serres la main.

– Enchantée ! dit-elle, en se serrant les mains.

– Est-ce la main gauche que tu serres, pour la consoler d'être moins forte, ou la main droite, pour lui dire ton admiration ?

– Les deux, mon capitaine !

– Merleau-Ponty appelle ça l'expérience du « touchant-touché »... Se prendre la main, c'est être simultanément sujet et objet. C'est une façon d'être au monde tout en ménageant la possibilité de le rencontrer...

– Avec la masturbation, ça marche bien, aussi...

– Maman !

– Quoi ? Dans la vie ordinaire, la différence entre la gauche et la droite, on s'y fait, la symétrie parfaite n'existe pas...

– Et sur un visage, elle serait affreuse.

– Bien sûr !

– C'est Plotin qui raconte ça. Si la beauté est affaire de symétrie, se demande-t-il, qu'en est-il de la beauté d'un crépuscule, d'un éclair ou d'un visage ? Plotin est le premier à penser la beauté séparément de la science et de la connaissance. C'est ainsi qu'il ouvre la voie au jugement esthétique comme aux philosophies de l'esprit.

– T'y es savant, mon fils.

– Tu plaisantes, mais tu es archi plotinienne !

– Je veux, mon neveu ! Sais-tu ce que disait Bolsoni à Pic de la Mirandole avant son duel avec Nogarola ? « Il faut faire comme Plotin, qui se contentait d'être. Danser sans bouger, voilà la clef. Le dos solide, les muscles tendus, les vertèbres à la bonne place et une circulation limpide des humeurs. »

– Il lui a vraiment conseillé tout ça ?

– Au mot près ! Car selon Galien, les humeurs transportent l'essentiel de notre substance. Plotin était un maître de l'oubli de soi.

– Ce que Jankélévitch appelait la nescience, la non-conscience de soi-même au moment de l'action. Il prenait l'exemple du pianiste, évidemment, qui fait une fausse note à la seconde où il se demande ce que font ses mains sur le clavier...

– Eh oui ! Si le pianiste regarde ses mains, il aura le tournis, il sera paralysé comme le mille-pattes qui se demande à chaque pas quelle patte il doit lever en premier ! Il faut agir sans y penser. C'est le secret du samouraï.

– Musashi ?

– Musashi ! Il ne dit pas « je te frappe », il frappe ! Il ne pense pas, il sait.

– Dans *Matrix*, Morpheus dit à Neo : « *Don't think you do, know you do.* »

– C'est juste. Le premier obstacle à la réussite d'un geste, c'est la conscience qu'on en a. Je suis contente que tu me trouves plotinienne, c'est mon côté alexandrin, dit-elle en se rengorgeant. Sais-tu qui est plotinien, aussi ?

– Dis-moi ?

– Pic !

– Oui, mais ce n'est pas du jeu. Pic de la Mirandole a épousé tous les systèmes qui existent, il a toutes les opinions du monde...

– Tu as raison. Mais pourquoi a-t-il toutes les opinions du monde ?

– Par curiosité ?

– Mais d'où lui vient sa curiosité ?

– De sa mère ?

– C'est vrai ! Mais pas seulement. Pour Pic, la vérité première s'était pulvérisée lors de la création de toute chose...

– Ah ! Comme pour Plotin, dont l'Un-Bien se répand en réalités singulières !

– Exactement ! La vérité est comme le corps démembré d'Osiris. En se divisant, elle s'est répandue sur le monde, déposant ici et là des parcelles d'elle-même, sous forme d'étincelles dans le cœur des vivants. Et elle ne se laisse entrevoir, dans sa blancheur, que par éclairs, par éclats qui laissent au cœur une intuition définitive... C'est pour ça qu'aux yeux de Pic chaque philosophie et chaque religion contient un morceau du Vrai. Le problème, ce sont les gens qui, devant un morceau du Vrai, se persuadent qu'ils contemplent la vérité tout entière...

– Donc, l'encyclopédisme de Pic n'est pas juste l'effet d'une noble soif de savoir ou d'une infatigable curiosité, mais d'une quête à laquelle il n'a pas renoncé. Il voulait tout savoir parce qu'il croyait au savoir absolu. La totalité est le véhicule de la transcendance !

– Tu as tout compris, mon petit chéri ! Pour en revenir à l'asymétrie, je veux bien qu'elle soit notre condition. Mais au piano, c'est gênant.

– Pourquoi ?

– Parce qu'il faut la symétrie au pianiste accompli. Moi, mon côté gauche me gêne beaucoup.

– Qu'est-ce qui te gêne, exactement ?

– Cette fêlure imperceptible au bout de mes doigts, dans mes petites phalanges. Tandis que sa rivale galope sur les touches, la gauche trébuche. En apparence, rien n'a changé, mais je le sens à l'oreille, j'entends les à-peu-près, les grains de sable dans la machine, un mélange de tremblote et d'indolence... Comme si j'avais perdu la grâce.

– Tu vas la reconquérir, si tu ne passes pas ton temps à regretter de l'avoir perdue.

– En tout cas, ce n'est pas gagné. Il est loin, le bon vieux temps où j'allais chaque semaine chez Boucou rue du Pré-aux-Clercs et je sentais ma main gauche se renforcer et bondir d'une octave à l'autre. Ce qu'il me faudrait, c'est un concerto pour la main droite !

– Maman, ta main gauche ne doit pas baisser les bras !

– Qu'est-ce que j'y peux ? Ce n'est pas faute de travailler ! Main Gauche a toujours été plus faible. Comment lui apprendre, maintenant, à lutter contre une énorme maladie ? Main Gauche est mélancolique et elle n'en a pas les moyens.

– Elle a peur ?

– Oui. Elle est absolument terrifiée.

– Tu me donnes une idée pour notre concert. Ça commence comme ça : « Odette jouait fort mal, mais la vision la plus belle qu'il nous reste d'une œuvre est souvent celle qui s'éleva au-dessus des sons faux tirés par des doigts malhabiles, d'un piano désaccordé. »

– Ah ben, c'est charmant !

– C'est un passe-droit pour toutes les fausses notes !

– Pas faux.

– Avec ça, tu vas pouvoir te détendre. Et puis, c'est là qu'un peu plus loin il décrit « une jouissance qui, au lieu d'être purement individuelle comme celle de l'amour, s'imposait à Swann comme une réalité supérieure aux choses concrètes ».

– Tout un programme.

– C'est le sens de la vie. Prendre la matière de sa souffrance et en faire de la poésie.

– Ou de la pensée.

– C'est pareil, non ? Que recommandes-tu, maîtresse musicienne ?

– Satie, *Gymnopédie*.

– Ah ? Pourquoi.

– Parce que, tout comme Swann, on y est content d'être triste.

– J'écoute.

Une fois de plus, ma mère avait raison. La fameuse *Première Gymnopédie*, qu'elle interprétait avec une lenteur insoutenable, gagnait en mélancolie sous ses doigts fidèles.

La ville entière s'était mise au diapason du crépuscule. Et quand la petite phrase fit entendre, au bout de quelques accords, la perfection de ses neuf notes, aucun morceau ne parut mieux correspondre au déchirement doux-amer de Swann, en qui s'opposait le constat que son aimée n'était pas aimable et le bonheur de donner le nom d'Odette à tout ce qui, dans la vie, comme la musique, n'a pas de prix.

Ses pensées avaient ralenti et formaient une gelée compacte où elle ne distinguait rien de précis.

Démence à corps de Lewy.

J'avoue qu'au début le nom nous a fait rire. Encore un coup des Juifs ! Que pouvait-on craindre d'une maladie qui porte un nom de shtetl ?

C'est un peu plus tard, quand, par acquit de conscience, je voulus en savoir davantage, que je découvris la vraie nature de l'ennemi. Ces fatals dépôts d'alpha-synucléine, ces inclusions neuronales sphériques, à l'intérieur des cellules nerveuses du cerveau, qui forment des agrégats de filaments insolubles, interrompent les messages transmis et pourrissent tout, du tronc jusqu'au cortex, du mouvement à la pensée, en passant par l'hippocampe et la mémoire, ou bien la partie postérieure du lobe temporal dont l'altération produit des hallucinations. Ma mère était déjà tellement diminuée quand on lui a diagnostiqué cette horreur qu'on en revenait à peine, de tant d'acharnement. Elle qui souffrait au plus haut point d'hypotonie et d'un syndrome extrapyramidal aigu qui la congelait sur place, elle déjà si distraite, qu'avait-elle besoin de basculer dans la folie pure ? La démence à corps de Lewy, c'était l'alzheimer du parkinson, la grosse cerise sur le gâteau, c'était la Russie qui déclare la guerre au Japon APRÈS Hiroshima, pour récupérer quelques miettes de l'empire en lambeaux.

Mais avec la démence est arrivée la poésie.

Oui, Maman ? Pardon, je me suis encore trompée. Qui voulais-tu appeler ? Je voulais appeler toi. Ou quelqu'un d'autre. Enfin, je me suis trompée. Comment ça va ?

Quand je débarquais dans sa chambre, elle m'accueillait d'un sourire radieux « Voilà ma merveille ! Comment va mon ange gardien ? » et, au terme d'échanges tendres et cordiaux, elle décollait littéralement, et m'informait que nous étions dans l'avion. *Tu peux fermer la porte de l'appareil, s'il te plaît ? Bien sûr.* Alors, comme nous étions dans la même cabine, elle me racontait ses malheurs et ses inquiétudes à coups de métaphores et de transpositions. *Je suis contente que tu viennes, car il y a un dîner un peu mondain ce soir, avec le président iranien. Ah oui ? Oui, oui, un type dangereux, mais très courtois. Je l'avais déjà rencontré chez Monette. Où est mon sac ? Dans tes mains, Maman. Et qui sont les autres invités ? Tous les habitants du manoir ! Même madame Patez ? Surtout madame Patez, la vieille connasse ! Toujours en train de se faire les ongles. Elle porte tous les signes de la masculinité. Tu sais ce qu'elle a fait ? Non. Elle a mis le feu à mon lit. Mais quelle horreur ! Heureusement que j'ai réussi à prévenir les habitants. D'ailleurs, tu peux me prêter ton feu ? Je n'ai plus de batterie. Donne ton téléphone, je le branche ici, tu veux bien ? Où est mon sac ? Il est là. Et mon passeport ? Je vais en avoir besoin. Tu prévois de partir ? Oui, tu sais bien, je dois retourner à Londres pour rencontrer mon éditeur et mener d'autres enquêtes. Tu peux me donner mon sac ? Le voilà. Que veux-tu faire avec ton sac ? Je viens de te le dire, je retourne à Londres ! You have to pay attention. Excuse-moi. C'est vraiment horrible, cet endroit.*

Je crois bien que j'ai été enlevée, je ne vois pas d'autre explication. À mon avis, les loups sont entrés dans la ville. Mais comment a-t-on pu les laisser passer ? Il faut croire que les frontières étaient mal gardées. Maintenant, la naphtaline est dans le frigidaire et pour la sortir il va falloir un bras mécanique. C'est fou comme je t'aime. Tu me reconnais, Maman ? Bien sûr, tu es mon papa.

Nous étions là où va la lumière quand on souffle la bougie. Mon seul travail était de consentir à tout ce qu'elle disait, d'y voir l'expression constante d'un second degré, d'une suprême condensation, pour que la conversation ait un sens. D'autant que son amour, comme un rescapé déterminé à ne pas sombrer avec le reste, surnageait à chaque phrase, et qu'elle ponctuait ses tribulations de tendresses incontestables où ne manquait aucune fibre d'elle-même.

Pendant quelque temps donc, ma mère a souffert de folie douce, avec trous de mémoire impromptus, délires charmants et hallucinations tenaces, comme ce jour où elle m'a appelé d'Angleterre.

Mais non, Maman, tu es à Pompidou ! Ça, c'est ce que dit la dame à côté de moi. La vérité, c'est que je suis en Angleterre. Mais ne t'inquiète pas, je gère. (S'adresse en anglais à la dame en question.) La dame fait semblant de ne pas comprendre, attends, je te rappelle. Non, Maman, ne raccroche pas ! Quoi ? Peut-être que la dame n'est pas anglaise ? Elle n'a pas l'air anglaise, c'est sûr, mais à mon avis, c'est un déguisement. Maman, c'est une infirmière, elle a raison de dire que tu n'es pas en Angleterre. Ouais. Elle t'a convaincu. De toute façon, je me méfie de toi. Ah, bon ? Oui, je me comprends. Allez, je raccroche maintenant. Ne t'inquiète de rien. Je m'occupe de tout.

Ou bien ce jour où elle s'est convaincue que son amie Annick, la merveilleuse Annick Saglier, seule de ses vieilles copines, avec Michèle Ramsay, à continuer de lui rendre visite, se trouvait dans le hall. *C'est étrange qu'elle ne soit pas venue me voir. Elle a l'air accaparée par cette grosse bonne femme. Voyons, ce n'est pas Annick. Ça, c'est ce que tu crois. Moi je sais ce que j'ai vu. Peux-tu lui dire que je suis là ? Ça ne servira à rien, c'est quelqu'un d'autre. Je ne comprends pas pourquoi tu es si méchant. Mais je ne suis pas méchant, je te dis la vérité. C'est exactement ce que je dis, tu es méchant.* Et j'étais partagé entre une sorte de fureur et un amour infini, entre la rage et le chagrin quand, alors que nous attendions l'ascenseur, après s'être discrètement assurée que je ne la regardais pas, ma mère adressa, de loin, à l'Annick de ses rêves, un tendre baiser de la main.

Juste un étonnement d'exister, très léger, qui ne s'est jamais atténué.

À ce moment, la sonnette retentit.

Devant la porte se tenait un vieux monsieur de petite taille, au regard doux quoique légèrement fébrile, tiré à quatre épingles, en costume pied-de-poule, dont les sourcils blancs étaient étonnamment fournis, en particulier le sourcil gauche aux poils longs comme des petits cheveux qui rebiquaient sur le front.

– Maman ! C'est Vladimir Jankélévitch !

– Bonjour. Je me permets, chère Madame...

– Je vous en prie. Voulez-vous une tasse de thé ?

– Avec plaisir.

– Débarrassez-vous de ce parapluie ! Il fait un temps radieux. C'est pour vous protéger du soleil ?

– Non, c'est dans l'hypothèse où je croiserais un touriste allemand. Savez-vous que leurs autobus maudits se garent juste en bas de chez moi, quai aux Fleurs ?

– Mais quelle idée de se mettre la rate au court-bouillon pour un truc pareil ! En tout cas, vous pouvez le laisser, maintenant. Il n'y a pas de touristes allemands par ici.

– Vous plaisantez ? Montmartre en est infesté !

– C'est vrai. Mais dans cette maison, vous n'en croiserez pas.

– Naturellement, dit le vieillard qui posa le parapluie à ses pieds tout en prenant avec un sourire affable la tasse que ma mère lui tendait.

– Que me vaut le plaisir de votre visite ?

– Je n'ai pu m'empêcher d'entendre, madame, qu'un frisson, à vos yeux, pourrait être expliqué par la science.

– Et donc ?

– Courtoisement, je m'insurge. Et si j'ose : c'est votre fils qui a raison.

– Mon fils a toujours raison, cher monsieur.

– J'entends bien.

– Mais pourquoi, s'il vous plaît, la science serait-elle privée de comprendre le frisson ? N'est-ce pas une réaction physiologique aisément documentable ?

– Je crains que vous ne confondiez le frisson avec sa manifestation.

– Le frisson est-il autre chose que ce délicieux tremblement ?

– Pardon, n'est-ce pas vous qui racontez que quand votre père jouait Schumann, son interprétation était enrichie par tous les souvenirs venus de toutes les époques de sa vie ? N'est-ce pas vous qui racontez aussi que quand votre père, en chef d'orchestre, marquait la première mesure, la musique arrivait comme une déferlante et tout le monde frissonnait ? N'est-ce pas vous qui définissez le frisson comme une fine pointe, un frémissement délicat qui se propage à une vitesse folle et qui, en une fraction de seconde, occupe tout l'espace ?

– Vous avez lu mes livres ?

– Tous !

– Mais comme vous êtes sympathique, cher monsieur !

– Je me retrouve en chacun.

– Flattery will get you nowhere ! Reprenez donc un peu de thé.

– Laissons de côté les éloges. Comment pouvez-vous croire, chère madame, que la science ait accès au frisson qu'on éprouve ? Le frisson n'est pas seulement le frisson, mais la collection des émotions qui le suscitent et qu'il traduit de façon si fugace. Comment la science donnerait-elle le fin mot du frisson en en faisant un animal de laboratoire ? Ce qu'on dit du frisson quand on l'explique n'a rien à voir avec la simplicité de ce qu'on éprouve quand il nous traverse l'échine. En un mot, chère madame, on ne peut pas être et savoir en même temps ! Connaissez-vous l'histoire du papillon ?

– Non. Je connais les Papillons de Schumann...

– C'est un papillon qui tourne autour de la flamme d'une bougie et qui voudrait sentir la flamme de plus près, seulement il sait que s'il s'approche trop de la flamme pour en éprouver la chaleur il risque de se brûler les ailes. Alors il s'approche et il s'éloigne, il joue avec le feu... Être sans savoir ou savoir sans être...

– Telle est notre Venise !

– Pardon ?

– Non, je vous en prie, continuez.

– Être sans savoir ou savoir sans être, c'est notre condition.

– D'où votre goût pour les matinées de printemps...

– Vous avez lu mes livres ?

– Presque tous.

– Eh bien c'est moi, le papillon ! Déchiré entre l'expérience et le désir de la connaître.

– Ben mon cochon, vous ne vous mouchez pas du pied gauche.

– Que voulez-vous dire ?

– Que vous avez les chevilles qui enflent ! N'est pas papillon qui veut ! Et surtout le plaisir que vous prenez à expliquer tout ça, ou bien le plaisir que vous preniez à enseigner, prouve assez qu'on peut être et savoir à la fois. Quand vous faisiez cours, vous n'aviez besoin que de quelques notes et vous vous envoliez, littéralement, sous le regard des élèves médusés. Vous étiez tout à vous-même tout en cessant de vous appartenir… Papillon, papillon. Le papillon est mort ! Un nouveau papillon est appelé à régner !

Ma mère éclata d'un rire franc, tandis que je voulais rentrer sous terre à l'idée qu'elle pût rire de sa propre blague devant un si bel esprit, et qu'elle osât tester un calembour aussi nul sur l'oreille céleste du meilleur philosophe de la seconde moitié du XXe siècle. Précaution inutile. Tout à leur conversation, ma mère et son invité m'ignoraient totalement. Les vivants sont comme des fantômes pour les morts.

– Ce que vous dites du professeur, répliqua Vladimir, je le dirais plus volontiers du pianiste.

– Ce n'est pas moi qui vous contredirai. Comment comprendre, sans cela, que, pour certains concertos, il faille jouer *fortissimo* et *leggierissimo* en même temps ? À première vue, c'est impossible, mais le pianiste y parvient naturellement.

– Quels concertos ?

– Le *Concerto italien*, par exemple, de Bach.

– Pardonnez-moi, je n'écoute jamais de musique allemande.

– C'est malin ! C'est comme un amateur de vins qui ne boirait jamais de bordeaux.

– C'est que, voyez-vous, il est au-dessus de mes forces...

– Laissons cela. Avez-vous remarqué qu'après avoir frappé la note, le doigt se replie légèrement sur lui-même comme pour emporter un petit trésor ?

– C'est vrai.

– Eh bien ce trésor, c'est le silence en personne. Le silence sonore ! Vous dites qu'on ne peut pas être et savoir en même temps ? Je vous réponds que chaque contact avec la touche doit être à la fois pointu et rond ! Cela vous paraît-il impossible ?

– Non, mais difficile. Les belles réussites sont difficiles autant que rares...

– N'essayez pas de m'impressionner en citant Spinoza. Et reconnaissez que, pour que la note obtenue soit comme un cri déchirant, le toucher doit être à la fois élastique et bondissant ! Il faut adhérer à la note tout en la délaissant pour qu'elle prolonge en soupir, en temps suspendu, le regret d'être abandonnée ! C'est la seule façon d'entendre le chant des sirènes sans mourir de plaisir.

– Tant de perfection, ce doit être épuisant !

– Oh, ça arrive rarement...

– On ne peut pas passer sa vie à lever des pans du voile.

– Effectivement.

– Moi, voyez-vous, je suis moins perfectionniste que vous, je préfère découvrir un morceau, tenter de le déchiffrer, avant de passer à un autre.

– Oh, vous êtes un déchiffreur !

– Que voulez-vous dire ?

– Vous êtes un hardi déchiffreur ! Vous enfilez des ballerines et vous sautillez d'un morceau à l'autre ! Alors que moi, quand j'entame un morceau, je pose mes partitions, j'assouplis mes doigts, je commence par jouer de travers et je travaille inlassablement jusqu'à ce que le résultat soit audible. Je suis une laboureuse.

– Une laboureuse ?

– Une laboureuse. Une paysanne. Qui travaille ses partitions comme le soc d'une charrue travaille la terre. Moi, je suis une sédentaire de la partition. Je fais l'exégèse de chaque silence, je travaille toutes les nuances et les modulations, je relis à l'infini les mêmes passages, j'expérimente, j'ajuste, je soupèse, et plus je travaille, plus l'œuvre me parle, plus je la dévore, plus elle fait partie de moi, elle me rentre dans la peau, et mes mains se délient... Vous, vous êtes nomade.

– Vous avez raison. Je suis nomade. Je vais à sauts et à gambades, je passe de Debussy à Fauré, de Fauré à Massenet, de Massenet à Saint-Saëns, de Saint-Saëns à Satie...

– Ce n'est pas très varié. Et à part les Français ?

– Les Russes ! Rachmaninov, Moussorgski, Scriabine, Stravinsky...

– Scriabine ? Quelle drôle d'idée.

– C'est un génie ! La musique de l'inexprimable... Mais je ne suis pas dogmatique, j'aime aussi Poulenc, Déodat de Séverac, Darius Milhaud...

– Pardon de citer les Germaniques, mais Mozart ?

– Oui, c'est joli.

– Joli ?

– Joli.

– Mais vous êtes complètement déconnant, mon pauvre ami. Si vous continuez à dire n'importe quoi, je vais devoir vous tailler les sourcils. Liszt ?

– Vous voulez dire François Liszt ? J'aime à franciser son prénom. Merveilleux.

– Vous savez que la virtuose Marie Jaëll a renoncé à sa carrière de concertiste pour analyser la façon dont jouait Liszt ?

– Je l'ignorais.

– Mais oui ! Elle en a profité pour énoncer les principes d'une psychophysiologie du toucher, fondée sur la fusion de la conscience et de la main, dont l'enjeu est d'éviter tout contact statique avec le clavier. D'où le léger repli du doigt au retrait de la touche...

– Fascinant. À la maison, il y avait deux pianos. Après ma mort, Lulu a été obligée d'en vendre un...

– Moi aussi, j'ai dû me séparer du Steinway de mon père en acajou vernissé, acheté en novembre 1968.

– M'autorisez-vous une confidence ?

– Je vous en prie.

– Je crois que je ne sais pas si ce que j'aime, c'est la musique ou le piano.

– Comme je vous comprends ! C'est le roi des instruments ! Là, nous serons d'accord. D'ailleurs, mon père pouvait mimer tout un orchestre au piano. Il savait reproduire avec des touches le bruit de la clarinette ou du basson !

– Je soupçonne votre père de virtuosité... Était-il musicien dans les bars ?

– Et ma main sur ta gueule, tu la veux ?

– Pardon ! Je retire.

– Tout va bien.

– Je retire, mais je ne peux pas ne pas l'avoir dit.

– C'est votre viatique pour l'éternité.

– Décidément, vous m'avez lu. Pourtant, je ne suis pas un homme de livres, je suis un homme de l'oral, un enseignant...

– Vos livres sont lus néanmoins, et régulièrement republiés par les soins diligents d'anciens élèves et de nouveaux thésards. Moi, mes livres ne sont guère lus. J'existe à peine dans l'au-delà, sinon dans la mémoire tenace d'un fils désespérément attaché à me soustraire à l'oubli.

– C'est que j'ai eu des élèves...

– Vous avez eu cette chance. Moi, j'ai eu deux enfants et quelques amis.

– Mais vous faites de la musique comme je fais de la philosophie. Avec obstination. Vous tournez autour de la note juste comme je cherche mes mots. Alors qu'en musique je suis un pur dilettante amoureux qui se promène au milieu des partitions et qui préfère avancer en trébuchant sur les sentiers d'une mélodie.

– Je vois bien. En somme, vous jouez mal, mais vous jouez de tout. Moi, je joue très bien, mais peu de choses.

– On peut aussi le dire comme ça.

– Heureuse de vous connaître, cher monsieur.

– Soyez la bienvenue, chère madame.

– Mais c'est vous qui êtes chez moi !

– Si vous voulez. Quoi qu'il en soit, je me réjouis de savoir que nous sommes désormais appelés à nous parler souvent.

Dis-moi, mon fils, qui est poète ? – Celui qui réunit l'amour de l'art et l'art d'aimer.

– Maman, je suis désolé de ne pas être passé aujourd'hui...

– Aucune importance. Figure-toi que j'ai fait la connaissance de Danièle Gilbert.

– Ah bon ?

– Je savais qui c'était mais je ne l'avais jamais vue. Alors je l'ai rencontrée cet après-midi à la télé, et tu imagines qu'il a fallu que je me cache...

– Pourquoi ?

– Ben pour qu'on ne m'emmène pas dans l'émission. Je me suis mise dans une salle de bains. Donc, ne t'inquiète pas. C'est juste moi qui fais mon cinéma. Je te parle cinq minutes là, car je vais à ma séance de kiné. Il était très satisfait des exercices de ma main hier.

– Ah, formidable.

– Oui, et je dois dire que j'ai retrouvé une certaine souplesse. Ce qui m'arrangeait car ils ont organisé une conférence sur le langage des signes à l'hôpital, que j'ai pu suivre.

– Ah bon ? C'est bizarre. Je n'en ai pas entendu parler.

– Non, c'est normal. Ce sont des dispositions internes à l'établissement. Vous, les visiteurs, n'êtes informés que des éléments de surface. Ça, c'est la vraie vie du lieu.
– OK. Et c'était intéressant ?
– Très intéressant.
– Bon.
– Et sinon, comment va mon papa ?

Elle avait fait un tel effort pour me parler normalement - comme un fou espère tromper son monde en nouant un impeccable nœud de cravate à son pantalon - afin de m'amadouer et de faire passer sa question, d'une certaine manière, sans que je m'en aperçusse... Elle avait prévu son coup, elle m'avait tendu un piège en feignant d'avoir toute sa tête pour que l'instant de délire passât comme une lettre à la poste. Elle avait tenté de me faire croire à sa parfaite lucidité pour que je baisse la garde et qu'elle pût tranquillement opérer son petit larcin sur le réel. Les apparences de la normalité n'étaient qu'une adorable stratégie de sa part pour créer un climat de confiance et glisser sa petite question sur un ton badin, au détour d'une conversation calme, comme si elle avait le droit d'être là.
– Et sinon, comment va mon papa ?
Elle me faisait le coup souvent.

Sur le moment, j'avais deux réponses à ma disposition, et j'élisais l'une ou l'autre au gré de mon humeur.

Tantôt je la reprenais, je lui disais cruellement qu'elle se moquait du monde et pour me venger du temps que j'étais contraint de passer auprès d'elle je faisais le demi-habile, je lui démontrais avec un sadisme certain, par A + B, que son père n'allait ni bien ni mal puisqu'il était mort en 1986. Alors, comme un petit voleur se fait prendre le doigt dans le pot ou tente de s'évader par un trou de serrure, ma mère répondait à mon démenti en attaquant par l'autre bord et en réclamant, cette fois-ci, des nouvelles de sa mère.

Ta mère est morte il y a quatre ans. Ah oui. Forcément. Forcément. Est-ce que tu me poses ces questions juste pour me faire peur ? Ou sincèrement ? Ben je ne sais pas. Mais tu sais que ta mère est morte ? Oui. Alors comment peux-tu me demander de ses nouvelles, si tu sais qu'elle est morte ? Écoute, je ne sais pas. Je te laisse. Je vais remonter, je vais essayer de trouver ma mère dans tout ce désordre. Ah, ben tiens, moi aussi.

Et la conversation en restait là, sur le constat désolant d'un désaccord fondamental, sur l'impression que, n'habitant pas la même planète, nous n'avions rien à nous dire, comme deux étudiants au bal de l'école se trouvent idiots l'un face à l'autre quand c'est le garçon qui, restant assis, refuse d'accorder une danse.

Mais tantôt, bouleversé de comprendre que l'esquisse de conversation que nous avions n'était qu'une mise en scène, que depuis quelques minutes, ma mère feignait d'avoir toute sa tête uniquement pour faire comme si, l'espace d'un instant, son père n'était pas mort et il était banal de prendre de ses nouvelles, voyant dans cette pathétique tentative une dernière façon de sauver la mémoire, de ressusciter les soirées musicales, de tenir son rôle de gardienne quand la plume et la tête font défection, de conjurer la perte des gens aimés, de poser une question dont elle connaît la réponse en s'offrant une parenthèse de doute, de se conduire en ange têtu, amputé de ses ailes, arc-bouté contre la folie qui le privait de faire son métier, j'entrai dans son jeu. Et alors, soulagée, heureuse d'avoir trouvé un partenaire pour son pas de deux, ma mère devenait loquace :

– Je suis embêtée.

– Par quoi ?

– Par mon père.

– Pourquoi ?

– Parce qu'il n'a pas de chambre, et pourtant, il est beaucoup plus présent que plein de gens qui ont des chambres.

– Et qu'est-ce qu'on mettrait dans cette chambre ?

– Oh, le contenu n'a aucune importance, ce qui est important, c'est d'avoir une réservation. Moi, je suis dans un fantôme de rééducation. Chaque fois qu'on a évoqué la possibilité que tu viennes passer la nuit, il y a eu un empêchement. La seule chose que je veux savoir, c'est comment réserver mon billet de train pour aller à la maison, chez moi.

– Mais c'est ici, chez toi.

– Oh, je ne trouve pas. Figure-toi qu'il y a monsieur Cherki qui est là. J'étais choquée par sa manière de quitter le Seuil. Il a tout fait pour être mis à la porte. Michèle Cohen m'en a parlé. Et je peux te dire qu'elle est sincère parce qu'elle n'a plus un rond.

– Sinon, ton père va bien, il est en train de se laver les mains avec du savon parfumé à l'amande douce pour attaquer une sonate.

– Ah oui, il se lavait toujours les mains avant de toucher le clavier ! En fait, on se lavait les mains ensemble avant d'aller faire un petit quatre-mains et de passer à table !

– Avait-il un morceau préféré ?

– Non, ça dépendait de son humeur, comme on dit dans *Le Roi lion*, il faut « laisser l'effet se faire ».

– Tu veux dire « Il faut laisser les fesses faire ! »

– Très drôle !

– Tu sais que *Le Roi lion*, c'est l'histoire de *Hamlet* ?

– Ah, bon ?

– Mais oui ! L'oncle maléfique qui pour accéder au trône tue son frère, que l'héritier finit par venger !

– Tu as raison.

– Tu as faim ?

– Pas encore, pourquoi ?

– Tu veux manger une Hamlet ?

– Excellent !

Et la conversation se poursuivait, à sauts et à gambades, avec plus de légèreté qu'un bavardage, plus de tendresse et plus de fantaisie qu'un conte pour enfants.

Parfois, quand je pense à ma vie, je me figure être déjà dans mon souvenir futur, du temps où je serai au bord du gouffre avec la conscience. Je souhaite de toute mon âme que mes rêveries ne s'émoussent jamais, et que mes bonheurs restent gravés, ne meurent qu'avec moi. Seule récompense possible de cette lucidité qui leste mes joies du savoir de la finitude.

Ma mère était du côté de la puissance et non du pouvoir, elle en est morte, mais si quelque chose échappe à l'oubli, c'est bien cet acte de foi.

Parce qu'elle n'a cessé de mettre en scène la défaite du papier devant le feu, des cœurs nobles face aux fourbes, des amants confrontés aux contraintes, des génies généreux et piètres stratèges face aux sournois versés dans l'art de corrompre les foules, ou des malades sous les coups de leur maladie, et parce que son propre destin n'est, lui aussi, qu'une reddition dévastatrice, les livres de ma mère fourmillent de pages qui, après coup, sonnent comme des prémonitions. Comme si elle nous avait, sans le savoir, maintes fois mis en garde contre la catastrophe. Comme s'il avait suffi de la lire pour lire dans l'avenir. Comme si elle avait eu la prescience viscérale, quasi organique, du diable aux aguets auquel, à son tour, elle allait devoir rendre les armes.

Au début du siècle, par exemple, longtemps avant de tomber malade, ma mère avait mis en scène, dans *L'Homme qui savait tout*, le combat (perdu d'avance) du sublime Pic de la Mirandole contre l'affreux Savonarole et ses gardes rouges. Comment ne pas voir dans la défaite en rase campagne du prince de Concordia contre le prédicateur aux pieds nus un avant-goût du désastre qui lui était promis ? C'est l'illusion rétrograde du vrai, qui donne volontiers, a posteriori, le sentiment d'une prédiction. La réalité est moins drôle mais plus intéressante. Si ma mère décrit si bien la défaite de Pic de la Mirandole (mais sa victoire posthume), c'est qu'une telle trajectoire correspond à son caractère avant de dépeindre sa vie. La défaite de Pic de la Mirandole n'est pas l'avant-goût du désastre. C'est le désastre lui-même qui n'est que l'ultime version d'un certain rapport au combat, fait de noblesse vaincue, de défaite sublime, de l'intense postérité qui est parfois promise aux perdants glorieux. Ma mère, c'était Yannick Noah.

Elle excellait aussi, comme par hasard, à décrire l'agonie des mères devant leur fils. Dans *Passage de l'ange*, Homère (dont le nom lui-même n'est pas innocent) veut retrouver sa vieille mère aveugle pour qu'elle l'aide à décrypter de ses mains expertes le contenu énigmatique de la spirale de pierre. Et le jeune poète sait ce qui l'attend : « Le réseau inextricable des rides, le regard mort, les taches brunes sur les mains, les plaques roses sous le duvet des cheveux, les mains tordues, les articulations gonflées, le corps rétréci sous la robe de toile. » Quand Pic de la Mirandole rendit visite à sa mère, Giulia Boiardo, sur le point de mourir, le jeune Giovanni « se demanda quel démon était venu prendre possession de ce pauvre petit corps souffrant. Quelques semaines avaient suffi pour ruiner un édifice si harmonieux, si complexe, un être humain, une mère, une femme. Un excès de bile noire peut-être, qui s'était répandu dans le sang, rompant le délicat équilibre des humeurs fondamentales ». On dirait un autoportrait. Pour décrire ma mère, par une étrange sorcellerie qui abolit les époques, je n'ai qu'à puiser dans ce qu'elle-même raconte de la vieillesse.

Et puis, donc, il y a les belles défaites, qui lui ressemblent tant : la défaite de Pic face à Savonarole dans une joute oratoire qui est une lutte à mort, la défaite du scribe face à la destruction du palais, la défaite des Juifs face à l'armée allemande (ou l'histoire des Meyer qui torturent le dernier cochon qui leur reste après l'avoir baptisé Adolf), la défaite des moines copistes de Cnossos ou d'Alexandrie qui s'enfuient avec les papyrus qu'ils ont pu sauver de l'incendie, la défaite de Kafka qui supplie Max Brod de brûler ses textes, ou la défaite de son père, vaincu par ses dettes, volé par ses créanciers, contraint de mourir en Amérique avec la mémoire en lambeaux.

Il y a, funeste pressentiment, la visite qu'elle fit avec son père à l'oncle Roger, dit Coco, grand résistant, qui avait échappé à la Gestapo avec Marie-Thérèse, Mitèse, et qui avait entamé une carrière de baryton à l'opéra de *Monte-carle* après la guerre. Désormais atteint de la maladie de Parkinson, Coco sortait d'une opération. Les yeux mi-clos, il avait accueilli ses visiteurs en déclarant, sur un ton assuré : « La naphtaline est dans le frigidaire. » Ma mère gardait de cette visite le souvenir de l'éclat de rire qui l'avait saisie avec son père (et ensuite chaque fois qu'elle y songeait). La naphtaline est dans le frigidaire. Avec le temps, la phrase était devenue le slogan des gens qui détestent la maladie de Parkinson, et son retour promettait l'évocation émue du résistant brisé qui s'était mis à marcher comme un automate, l'œil dans le vague.

Enfin, ma mère bascule dans la divination quand, à la fin de *Crescendo*, la future pensionnaire de l'Ehpad Les Jardins d'Alésia se promet, à l'heure de mourir, de ne pas *traverser la rue d'Alésia*... J'ai lu le livre des dizaines de fois, à la recherche d'une référence à la rue d'Alésia qui expliquât cette mention, mais je n'ai rien trouvé. « *Et quand le jour viendra, when the bell tolls, nous n'irons pas à Samarkand, nous ne traverserons pas la rue d'Alésia, nous resterons au piano pour attendre la Grande Faucheuse, bien assis sur notre antique tabouret de cuir griffé par les chats Fifi et Gismo, espérant être foudroyés en plein élan, à la manière de Poquelin, au milieu d'une fugue à quatre voix, à la jointure de deux octaves. En plein Crescendo.* » Chaque fois que je lis ces dernières phrases, j'éprouve le même saisissement que devant l'étrange prophétie d'Ismaël au tout premier chapitre de *Moby Dick* : « Mon voyage à la pêche à la baleine fait partie du grand programme que la Providence a établi depuis longtemps, affirme-t-il. C'est venu comme un petit intermède, un solo entre de plus importants numéros. J'imagine que cette partie de l'affiche a dû être à peu près ainsi rédigée : "Grande élection contestée pour la présidence des États-Unis. /Voyage de pêche à la baleine par un nommé Ismaël/Batailles sanglantes en Afghanistan". » Rien ne laissait entendre en 1851 qu'en l'an 2000 l'élection présidentielle américaine se jouerait à quelques dizaines de bulletins et qu'à la suite d'une victoire à la Pyrrhus et d'un attentat spectaculaire il y aurait des « batailles sanglantes en Afghanistan ». Seul un hasard objectif (ou un miracle) permet que coïncident pour une fois la prophétie et la prédiction : *Moby Dick* n'est pas seulement un chef-d'œuvre, mais un livre surnaturel qui donne l'illusion que, pour un instant seulement, les voies du Seigneur ont cessé d'être impénétrables, qu'on peut connaître à la fois l'intention de Dieu et les détours qu'Il emprunte. Eh bien, la fin de *Crescendo*, c'est la même histoire. Au milieu de textes qui cernent le présent de si près qu'ils paraissent annoncer l'avenir, on trouve la pépite d'un présage objectif dont je n'aurai jamais l'explication, et qu'à défaut de comprendre, je suis contraint de tenir pour de la pure magie.

En un mot, elle avait tout dit, pour qui eût bien voulu la lire. Elle nous avait tous mis en garde. Elle avait crié dans le désert, longtemps avant d'être détruite. J'étais prévenu, mais je ne le savais pas. Je n'avais pas lu ces pages pour ce qu'elles étaient. Les livres de ma mère sont écrits au futur antérieur, comme un jeu de piste conçu par un corps secrètement avisé de l'avenir. Et moi, pour un temps, j'avais juste perdu le fil de l'histoire.

Odeurs. Chaleur. Inspection générale. Léger recul du bassin, recherche du centre. Invisible mais déterminant, le centre de gravité est la fondation du geste.

En d'autres temps, donc, ma mère était ceinture noire de karaté. Comme une fontaine lumineuse, elle avait pris les manies de son homme, et se rendait deux fois par semaine dans le dojo de la rue du Pré-aux-Clercs pour y parfaire ses katas auprès de l'éminent Kenji Tokitsu qui avait remplacé Jacques Lacan sur le piédestal d'Isidore. C'était l'époque où je n'aimais guère ma mère (d'une certaine manière, elle me le rendait bien) et dont, hormis le jour parfait où, parce que j'avais de la fièvre, elle m'avait installé dans son propre lit avec *Sinouhé l'Égyptien*, je ne garde aucun bon souvenir. Endeuillée par le départ de ses parents en Amérique mais amoureuse de son brutal, ma mère compensait le chagrin par l'adoption, corps et âme, du mode de vie qu'elle avait rallié. Elle s'était spécialisée à *L'Obs* dans les dossiers sur Freud et Heidegger, ses longs cheveux lisses avaient cédé la place à une tignasse permanentée, son beau rire cristallin avait été remplacé par un rire de canard, chaque fois que j'osais me plaindre elle répondait en ricanant « Tu es un pauvre enfant martyr », et, naturellement, elle s'était mise à fumer la pipe. Un cauchemar dont nous mettrions des années à nous extraire pour nous aimer de nouveau complètement. Mais à l'époque, ma mère était forte. Son corps était puissant et souple, sa démarche assurée, elle faisait ses katas chaque matin, ses talons résonnaient sur le parquet, et elle s'adressait aux employés de maison avec la fermeté des propriétaires bien-pensants.

Quelques années plus tard, séparée mais toujours forte, elle avait écrit son premier essai, *La Beauté du geste*, un texte fulgurant auquel je m'abreuve chaque fois qu'elle me manque, où, comme Pic de la Mirandole voulait réconcilier la religion et la philosophie, elle entreprit de montrer que le geste parfait, désintéressé, riche de sa gratuité, sculpté par le travail et porté par l'intuition, est le souci commun des artistes martiaux et des pianistes, et que, pour les uns comme les autres, la finesse est au bout de l'exercice. Je n'avais pas lu le livre tout de suite quand il est paru, car le souvenir de nos années distantes jetait une ombre sur la pratique du karaté et sa célébration rétrospective. L'atmosphère était encore trop pleine des disputes passées pour qu'on s'aperçût qu'entre le khâgneux pétri de Spinoza et la philosophe, la mère supérieure qui délivrait, sans s'en apercevoir, une pure ontologie du corps, tous les éléments d'une communion intellectuelle étaient réunis. On le verrait plus tard.

Pour l'heure, dans le cadre des longues retrouvailles qui avaient suivi les deux années où j'avais complètement cessé de la voir, après avoir passé une semaine à Formentera, nous dînions à Barcelone, tous les deux, sur les Ramblas, quand nous vîmes courir un type qui tenait un sac dans ses bras, poursuivi par un policier. Quelques mètres après nous, un passant fit un croche-pied au voleur que le flic et ses collègues appréhendèrent sans ménagement, sous les applaudissements des clients. Spontanément, sans nous concerter, ma mère et moi, indignés, apostrophèrent les clients radieux aux cris de « sales franquistes, vous ne méritez pas de vivre en liberté ! » avant de partir comme des princes en devisant sur la guerre d'Espagne et ses effets durables sur la conscience collective du peuple ibère. « Fermez la bouche ! » avaient répondu les franquistes, qui n'avaient pas tort.

La petite pension où nous dormions se trouvait au cœur le plus sombre des rues de la vieille ville. Nous marchions depuis une minute quand un homme, suivi de deux comparses, surgit de l'ombre et se jeta sur le sac à main de ma mère qui le frappa, en retour, du tranchant de la main sur l'avant-bras avec une telle force que le voleur céda son butin et tous s'enfuirent. À nos cris, les policiers qui avaient arrêté le voleur de sac accoururent, et nous montâmes dans la voiture de police où ma mère, dans un espagnol douteux, décrivit tant bien que mal ses agresseurs « de type arabe. » En un instant, nous étions passés de la pure conscience de démocrates français en goguette qui jugent les étrangers à l'aune de l'idée qu'ils se font du bien au goût de la chasse et du sang qui vient au touriste que des voyous ont tenté de dépouiller. J'ai toujours su, depuis ce jour, que l'esprit était le pantin du cœur.

Les fils du sens font une pelote de plus en plus serrée, indémêlable. Je n'essaie plus de démêler quoi que ce soit. Je lève simplement les bras pour me protéger le visage, pour rester entière. En tiers.

Chacun a ses raisons de détester Beethoven. Kundera voit en lui un « haltérophile qui soulève des poids métaphysiques », ce qui, à côté de la légèreté, ne pèse pas lourd dans la balance ; Rosset lui reproche de vouloir transcrire une émotion dans la musique, comme si la musique était un simple reflet de l'âme, ou comme si la puissance expressive des notes consistait seulement à imiter nos affects ; en ce qui me concerne, Beethoven, je l'ai dit, était le surnom que j'avais reçu dans toutes les classes de mon enfance, presque instantanément, quelle que soit l'école ou mon degré de popularité. Six lettres communes avec le nom du génie, c'était trop tentant pour n'importe quel enfant, à qui il suffisait d'ajouter mesquinement le préfixe « bête » pour que mon patronyme fût soudain connu de tous et suscitât une hilarité contagieuse.

Mais c'est par boutade qu'on m'avait toujours surnommé Beethoven. Même petits, les gens qui le faisaient ne doutaient pas que mon nom véritable fût Enthoven.

Sauf dans l'Ehpad où mourait ma mère à petit feu.

Dans un premier temps, les dames de l'accueil, que je croisais trois ou quatre fois par semaine, peinaient à dire mon nom. Hanthoven ? Ainethoven ? C'était indécidable. On eût dit que mon patronyme leur était à moitié familier. C'est en son début, manifestement, que quelque chose coinçait dans mon identité. Une syllabe incongrue, un « en » à la prononciation indécise qui, n'étant pas vraiment le son qu'on *attendait*, sonnait comme un faux départ, avant que le patronyme ne retombât sur ses pieds en un « thoven » tonnant qui, pour le coup, leur était parfaitement familier. J'eus donc d'abord droit à quelques timides « Bonjour, monsieur Thoven » qui ne satisfaisaient personne, avant que l'une des dames, plus inventive ou plus instruite, ne décidât d'autorité, comme on rectifie une erreur, comme on tranche un débat, comme on coupe court à des semaines d'hésitation, que je m'appelais évidemment *Beethoven*, ce qui parut plus naturel, plus évident, et pour cette raison plus vrai à l'ensemble de ses collègues, qui adoptèrent aussitôt définitivement ce nom de famille enfin reconnaissable. C'est ainsi que, par le hasard d'un nom que je ne dois pas à ma mère, l'Ehpad qui abritait à son insu la grande prêtresse du dieu Ludwig, celle qui comparait ses gruppetti à des glycines, la musicienne dont Beethoven était le sourcier, le dieu lare, l'antidote au désespoir, le grand dispensateur d'équilibre et de vie, fut aussi le seul lieu de l'univers où, de bonne foi, je fus, à jamais, baptisé Beethoven par l'ensemble des employés.

Le kata du matin ne se raconte pas plus facilement qu'une sonate.

– Tu sais quelle est ma seule satisfaction dans tout ce malheur ?

– Dis-moi, mon Raphaël.

– C'est que tu n'aies pas connu le 7 Octobre.

– Tu as raison. Je n'aurais pas supporté.

– Tu n'aurais pas supporté les massacres, les enfants qu'on étrangle ou qu'on décapite, et puis tu n'aurais pas supporté les gens qui, ensuite, ont trouvé des excuses aux assassins. Tu n'aurais pas supporté le nouvel antisémitisme qui célèbre les Juifs morts et traite les vivants de « génocidaires »...

– Ah, les salopards... Tu te souviens de notre voyage en Israël ?

– Bien sûr. Tu disais tout le temps « *toda raba !* » d'un air ravi. Et c'est là que j'ai fumé ma première cigarette.

– Ah, bon ?

– Oui, on était allés à Tzfat pour un festival de jazz, et j'étais furieux parce qu'on avait roulé fenêtres fermées et clim à fond. On s'était disputés. Tu m'avais menacé de m'emmener au Club Med la fois d'après. Le soir même, en arrivant chez Sari, dans ma petite chambre, j'ai allumé une cigarette comme on reprend son souffle… Un délice !

– Et cette soirée qu'on avait passée avec Stéphane Mosès ?

– Et comment ! C'est là que j'ai fumé mon premier cigare !

– Mais tu fumes tout le temps, en fait.

– Toi aussi !

– Moins que toi.

– Ce n'est pas difficile… Maman, je n'arrive pas à écrire sur toi.

– C'est normal, mon petit chéri, tu as du chagrin.

– Je voudrais trouver les mots pour dire qui tu étais, pour le pire et le meilleur, j'aimerais décrire ce mélange inouï de génie et de maladresse, d'aphorismes somptueux et de jeux de mots bidons…

– Ça viendra.

– Tu crois ?

– J'espère… Pardon, j'esmère !

De nouveau, la sonnerie retentit.

Devant la porte se tenait un gros monsieur rougeaud, essoufflé, suant, qui avait manifestement monté les deux étages à pied, et dont le vieux pull Lacoste, frangé d'orange à la base du cou, portait encore les stigmates d'un déjeuner à la tomate. L'homme eut l'air surpris de me voir là, et entra sans cérémonie après m'avoir gratifié d'un « Ah, tiens, salut ! »

– Maman, c'est Clément Rosset !

– Fais-le entrer !

– Bonjour Catherine !

– Bonjour Clément !

– Comment vont vos doigts ?

– Oh, désormais, parfaitement. Dix brindilles vives, pleines de sève, dix roseaux dansants.

– Tant mieux.

– Que voulez-vous boire ?

– Je ne suis pas difficile, vous savez. Un grand bourgogne, un champagne millésimé, un rioja puissant, un vieux vin jaune avec quelques tranches de comté... Ou bien tout ça à la fois. Ce qui vous arrange !

– Il doit me rester un fond de blanc dans le frigidaire.

– Ça ira aussi.

– Mais quel pochtron vous faites !

– Je m'en flatte. Savez-vous, Madame, que l'homme ivre a toujours un coup d'avance ?

– Que voulez-vous dire ?

– Qu'il est impossible d'être ivre sans le savoir, alors qu'on connaît plein de gens sobres qui croient qu'ils sont lucides ! Il est impensable d'être bourré comme un coin sans être au courant qu'on l'est, alors qu'il existe beaucoup de gens sobres qui votent Mélenchon ou qui disent que les chambres à gaz n'ont pas existé. En matière de conscience de soi, l'ivresse est un progrès. L'ivresse vous persuade que vous délirez, alors que la sobriété vous convainc que vous avez les idées claires.

– C'est incontestable !

– Et je dirais même plus : l'ivresse, c'est Stravinsky. La sobriété, c'est Beethoven !

– Pardon ?

– Oui, Beethoven est un musicien platonicien. Il met la musique au service d'une idée. Il tient la musique pour l'imitation, poétique ou spirituelle, de ce qui existe. Or, c'est une erreur tragique, qui accorde à la musique un pouvoir qu'elle n'a pas, celui d'être à l'image du monde, pour lui retirer ce qui fait vraiment sa force et qui est précisément cette sublime altérité, cette langue toute neuve !

– Je suis d'accord avec vous pour dire que la musique n'est l'expression ni l'imitation de rien, mais je m'insurge quand vous citez mon Beethoven comme l'exemple du musicien qui *veut dire* quelque chose, alors que les sonates de Beethoven, ces joyaux sans égal, ne sont en rien des conséquences, ni des portraits de quoi que ce soit !

– Vous trouvez ? Moi, je vois Beethoven comme une sorte d'optimiste, qui tient la musique pour le véhicule d'une expressivité sentimentale, joie, tristesse, clair de lune, etc. Or, si le monde de la musique côtoie l'univers des humains, il ne parle pas la même langue ! Son règne est à part.

– Vous êtes injuste. Ce n'est pas parce qu'on donne un titre à une sonate qu'elle se réduit au titre qu'on lui a donné. La *Sonate au clair de lune* correspond exactement à ce que vous dites de la musique elle-même. Beethoven est un champion de l'altérité musicale. Aucune musique n'est moins réductible que la sienne à une réalité objective. C'est comme le mot « yar ».

– Yar ?

– Oui, c'est dans *Philadelphia Story* : Katharine Hepburn promet à son mari d'être « yar », en souvenir de la goélette où ils avaient été si heureux avant de divorcer une première fois. Or *yar* ne veut rien dire ! Mais pourtant on le comprend parfaitement. Gracieux, souple, nez au vent, amour, nostalgie... Tout y est ! Tout ça pour dire que Beethoven est aussi loin de correspondre à quelque chose, que la nuance de Verlaine échappe au chiffrage ou que « yar » échappe à un sens objectif. Le réductionnisme intellectuel qui nous rassure en voulant expliquer la musique est inapplicable à Beethoven !

– Si vous le dites...

– Je le prouve ! Écoutez !

Et de ses doigts parfaitement souples, ma mère interpréta pour Clément la sublime *Sonate au clair de lune* de Beethoven. Si grave et si triste. Dont nous nous étions servis lors de notre concert, pour illustrer le passage où Swann, délaissé, jaloux à en mourir, convaincu d'être cocu, est pris au dépourvu par la petite phrase qui, « sans pitié pour son infortune présente », lui rappelle le temps où il était heureux, et ressuscite les souvenirs singuliers d'un bonheur perdu : les pétales du chrysanthème qu'Odette avait jetés dans sa voiture, l'odeur de fer du coiffeur, les pluies d'orage, les retours en fiacre, le rapprochement des sourcils quand elle prenait l'air suppliant ou « l'adresse en relief de la Maison Dorée sur la lettre où il avait lu "ma main tremble si fort en vous écrivant" ». La petite phrase se développait en se continuant, non seulement par conservation de son thème, mais aussi par les obstacles que le thème paraissait croiser sur sa route, des variations qui l'eussent rendu inaudible si elles n'étaient elles-mêmes diaphanes. Nous étions loin de toute imitation comme de toute dialectique. La petite phrase qui hantait la sonate sous la forme d'un trio mobile de notes obstinément répétées était tout cela à la fois, mais elle n'était rien de tout cela. Si elle paraissait correspondre au désarroi de Swann et aux contours de sa mélancolie, c'est qu'elle prenait en charge, par excès de singularité et non par étalement, la totalité des affects, de la tristesse à la joie. Il n'y avait rien d'explicable là-dedans, mais tout était compréhensible. Ma mère avait raison. La sonate n'imitait rien, magnifiait tout. J'expérimente, disait-elle, dans mon clavier toutes les couleurs de l'arc-en-ciel.

Comment avait-il pu la laisser repartir seule, avec ces marques du temps sur le visage, la laisser dépérir, s'étioler, prier dans la nuit pour le retour de son fils ? Comment avait-il pu donner la priorité à ses escapades nocturnes ? Comment n'avait-il pas songé que le temps était compté, que sa mère n'était pas immortelle ?

Si tu pouvais, tu partirais ?

La question a surgi entre deux bouchées de yaourt, comme un coup de tonnerre dans la comédie du fils aimant qui, tandis qu'il lui tend une cuillère, dit à sa mère malade que tout va bien. Sur le moment, j'ai fait semblant de ne pas l'entendre. On a fini le yaourt et on est passés aux chouquettes dont elle raffolait, surtout trempées dans un café tiède. C'est là que j'ai répondu :

– Jamais de la vie, maman. Si je pouvais partir, je n'en ferais rien. Je ne t'abandonnerai pas !

Son regard était doux. Je couvrais son vieux front de baisers.

Je l'avais déjà abandonnée, d'une certaine manière, à douze ans, quand j'avais profité du déménagement chez mon père pour ne plus les voir, ni elle ni Isidore. Ça avait duré deux ans, cette affaire, deux années de guerre froide, ponctuées par des redditions marquantes, comme ce jour où elle avait accepté de me rendre mon passeport pour que je pusse partir en vacances à l'étranger. Mais à l'époque, elle n'était pas seule. Et ce n'est pas ma mère que j'avais quittée mais la partie la plus sombre de mon enfance. Mon départ n'était pas une désertion, juste une mesure de sauvegarde, dont les bénéfices se feraient sentir quelques années plus tard, quand elle se séparerait d'Isidore et qu'on se retrouverait enfin, sans violence, sans menace, hésitants d'abord et puis ravis ensuite de constater qu'en nous éloignant nous étions devenus, à tous égards, du cœur à l'esprit, tout proches.

Un jour de juillet 1985, sans nous dire un mot, nous avons fondu en larmes dans les bras l'un de l'autre, dans le taxi qui nous emmenait à l'aéroport de Denver, en regardant son père qui, depuis le perron, nous adressait un signe de la main. Nous venions de passer quelques semaines avec ses parents, dans la maison familiale où ils avaient emménagé après avoir quitté Paris, sa pègre et ses dettes. Son père était extrêmement malade, déjà, et n'osait plus s'approcher du petit piano qui ornait la pièce du bas, et sa mère, qui venait de tomber amoureuse d'un autre homme marié, ne s'occupait plus guère de cette ombre en exil. Ma mère savait, je le pressentais, qu'on ne le verrait plus jamais, et que son père au regard si doux allait mourir en Amérique, seul et fou, dans une institution publique où personne ne parle français. Qu'est-ce qu'un abandon, sinon de partir en sachant qu'on voit quelqu'un pour la dernière fois, et que le pire l'attend ?

Je me souviens aussi du jour où j'ai contraint mon père à faire une halte rue de Babylone, dans une voiture bondée, sur le chemin de la campagne, pour que je pusse embrasser ma mère. J'avais longtemps hésité à le lui demander parce que je redoutais que mon père, que l'envie d'être ailleurs rendait à l'époque irascible, ne se mît en colère. Or, en arrivant chez ma mère, je compris qu'elle savait que je viendrais. Elle était seule, elle serait seule à Noël car elle venait de se séparer d'Isidore, et elle m'ouvrit les bras comme on accueille celui qu'on attendait. Comment pouvait-elle être si sûre d'elle alors que j'avais tant hésité moi-même ? Comment avait-elle pu se préparer à la visite que rien ne me permettait de prévoir ?

Non, je ne l'abandonnerais pas. Je ne lui donnerais pas l'occasion de pleurer en appelant ses propres parents. C'était promis. Elle-même n'avait pas abandonné sa propre mère, qu'elle avait fait venir de Denver *in extremis*, et qu'elle avait récupérée plus morte que vive, au seuil d'une agonie rapide. Quoi de mieux, pour bien se conduire, que le bel exemple d'une vie ?

Et pourtant je l'ai abandonnée tous les jours, chaque fois que j'ai quitté sa chambre d'Ehpad, bavant devant BFMTV, chaque fois que j'ai fait semblant d'être occupé pour ne pas aller la voir, chaque fois que je me suis senti soulagé de quitter l'enfer où elle vivait.

Je l'ai abandonnée le jour où elle a reçu un message fatal de Pierre Nora lui disant que son manuscrit était en lecture chez Gallimard, un message qui l'a rendue exactement, pour le pire, *folle de bonheur*. Malade, diminuée, triste, seule, velléitaire et découragée, habituée à sourire de déception quand on lui annonçait l'échec d'un projet, ma mère avait perdu l'habitude d'y croire. Boire trop vite, ou trop frais, est mortel quand on n'a pas bu depuis longtemps. Incapable de contenir sa joie, elle écrivit de longs mails enthousiastes, truffés de fautes d'orthographe, qui vantaient les mérites de son roman archéologique à coups de points d'exclamation, puis elle se mit à laisser des messages parfaitement délirants sur le téléphone de sa lectrice qui, au bout du troisième coup de fil à six heures du matin, se désintéressa totalement du manuscrit qui n'était pas assez génial pour qu'on le publiât malgré la folie de son autrice. Débordé moi-même par le travail, épuisé par les frasques de ma mère, prodigieusement agacé par un comportement qu'à l'époque j'avais encore la faiblesse d'imputer à un mélange de panique et d'incurable immaturité, je me suis contenté de chapitrer l'écrivaine sur un ton sévère, qui prit un visage de petite fille en me disant qu'elle était désolée, et l'histoire en est restée là. J'aurais dû lui servir d'intermédiaire, l'empêcher de téléphoner, devenir son impresario, plaider la cause de son livre auprès de Gallimard, user de ma petite influence pour obtenir qu'on le lût. Je ne l'ai pas fait. Je l'ai abandonnée. Parce que je n'avais pas le temps de m'occuper d'elle, mais surtout parce qu'il m'était trop douloureux d'admettre qu'elle détruisait sa dernière chance d'être publiée.

Je l'ai abandonnée chaque fois que, dans la nuit, je n'ai pas accouru alors qu'elle appelait au secours.

Je l'ai abandonnée chaque fois que, cédant au dégoût, j'ai abrégé ma visite pour un faux motif. Chaque fois que j'ai fait semblant de l'écouter. Chaque fois que je lui ai massé les mains trop rapidement. On ne fait jamais assez de bien, mais toujours le mal une fois de trop, dit Jankélévitch. Et maintenant qu'elle est morte, je songe à tout ce que je n'ai pas fait pour elle et je suis comme Schindler qui s'aperçoit, désespéré, qu'avec son pin's en or à l'effigie du parti nazi, il aurait pu sauver deux vies supplémentaires.

Il y a plusieurs pays dans notre enfance.

À l'âge de vingt-cinq ans, j'ai changé de vie. J'ai quitté Faustine et, avec elle, tout un tissu d'alliances et d'endogamie au sein duquel je me débattais comme une sauterelle dans une toile d'araignée. Une famille tentaculaire et deux fois patriarcale, un espace nouveau, né de la fusion de deux galaxies, sous le double effet de mon mariage et de l'amitié solide qui unissait nos deux pères depuis la nuit des temps. J'ai tourné le dos à tout ce qui faisait mon quotidien depuis que j'avais franchi le Luxembourg et que j'étais parti de chez ma mère pour m'installer chez mon père. Ou plutôt, on m'a tourné le dos. De fils modèle, je suis devenu paria. Pour avoir aimé une femme qui était la maîtresse de mon père quand j'ai fait sa connaissance. Difficile que tout cela se passât bien. Mon seul crime était d'avoir donné sa chance à cet amour, quoi qu'il m'en coûtât. Peu importe. Comment, pourquoi, regretter d'avoir été, une fois dans sa vie, heureux d'un bonheur sans mélange ?

Ce qui est plus intéressant, c'est que cette désertion (ou cette victoire, selon le point de vue) s'accompagna chez moi de l'abandon, sans douleur, comme tombe une feuille morte, du système de pensée dans lequel je baignais comme dans de l'eau tiède depuis plus d'une décennie, et qui était une mélasse de bonne facture : le syncrétisme d'une gauche vaguement de droite, hostile à la guerre sauf en cas de nécessité, satisfaite d'être libérale à regret, souhaitant ardemment que le monde soit en paix même s'il fallait en passer par le commerce pour ça, bref d'un socialisme trempé au balladurisme et aux dîners en ville. J'étais de gauche, évidemment, mais avec tout plein de réserves, nées du combat de la gauche antitotalitaire contre tous ceux qui, de l'affaire Dreyfus jusqu'à Soljenitsyne, justifiaient qu'on sacrifiât la liberté au soleil de la cause. Mon viscéral antiracisme et mon anticolonialisme de principe se doublaient du constat, étayé par toutes les légendes familiales, que le FLN était tout de même un groupe sanguinaire, et que l'Algérie d'aujourd'hui n'était pas un modèle de démocratie. J'étais à moi seul une synthèse de bons sentiments, qui disait « fascisme » facilement, un kantisme confortable et chaud, qui déplorait paisiblement l'état du monde tout en plaidant pour l'ordre américain, faute de mieux. C'était le deuxième âge de la pensée. L'époque où l'on croit qu'on a raison parce qu'on a été détrompé une première fois, quand les convictions se solidifient sous l'effet de certitudes qu'on juge inquestionnables parce qu'elles relèvent précisément d'un scepticisme bienveillant.

Or, en quittant les miens, j'ai délaissé cette façon de penser. Pour prendre le risque de penser, précisément.

Le terrain de ma révolte avait été savamment préparé, d'abord par l'année de ma maîtrise où, tout en travaillant sur Leibniz et son faux optimisme, je découvris la pensée de Spinoza qui faisait l'économie de toute morale dans l'estimation du réel, et par les deux années où j'ai passé l'agrégation. La seconde année, le divin Plotin avait remplacé l'indigeste Aristote au programme, aux côtés de Nietzsche et Spinoza.

Or, Nietzsche, Spinoza et Plotin, c'était le triangle d'or, et il faudrait plusieurs vies pour épuiser le détail des intuitions que je dois à cette valse à trois. Pour le dire vite, Spinoza fournissait une ontologie sans transcendance, Nietzsche en faisait une esthétique, et Plotin délivrait le fin mot d'une immanence enchantée qui paraissait mille quatre cents ans plus tôt leur montrer la voie d'une danse commune. C'est en préparant l'agrégation, en jonglant avec ces trois continents, en mariant leurs conclusions comme un alchimiste tente des formules inédites, que j'eus le sentiment de devenir philosophe et d'épouser une certaine façon de penser : le tissage de l'immanence et du spiritualisme, dont il n'existait qu'un seul représentant vivant, Clément Rosset, le fils légitime de Bergson et Spinoza, dont les livres semblaient déplier mes propres pensées. En désertant mon ancienne vision du monde, j'avais d'abord le sentiment grisant d'adopter un discours qui n'était pas le mien et de m'encanailler ; ce n'est pas par hasard, pourtant, comme on le verra, que j'avais délaissé mes bons sentiments et mon kantisme d'enfant modèle au profit de philosophies plus radicales, qui ne prétendaient pas à la vertu mais qui n'avaient pas renoncé à toucher du doigt les choses elles-mêmes, pensées de l'intuition, de l'indicible et de la sensibilité, pensées ésotériques aux yeux des cons, hédonismes sans excès ni frustration dont l'absolutisme n'était pas tourné vers le ciel mais vers le fruit qu'on a sous la main et dont certains se privent, inexplicablement.

Deux ans plus tard, fraîchement agrégé, je découvris la voix de Vladimir Jankélévitch, en concevant pour France Culture une « Grande Traversée » sur son œuvre. Et le grand Vladimir, le divin élève de Bergson, réunissant dans un même élan la totalité de mes enthousiasmes, scella l'abandon définitif des philosophies du sujet au profit des pensées de l'individu, et de l'optimisme ontologique qui ose passer par le filtre de l'impression pour dire le réel lui-même. Le carillon proustien, le tintement « rebondissant, ferrugineux, interminable, criard et frais de la petite sonnette » qui annonçait le départ de Swann, et dont le Narrateur conserve chaque note comme un trésor, était devenu mon nouveau Graal. Loin des phénoménologues, encore engoncés dans des systèmes subjectifs, inaptes à surmonter leur propre perception sans invoquer des principes, je trouvais dans *La Recherche du temps perdu* et dans la lecture assidue de Rosset, de Spinoza, de Bergson, de Jankélévitch, de Camus des preuves palpables que le réel n'est pas si loin de nous mais saisissable, audible, musical, poétique et indicible. Aux philosophies du sens, héritières ou ancillaires de la théologie, qui vivent sous l'idéal régulateur d'un savoir absolu qu'elles savent ne jamais atteindre, je substituai les généalogistes, les philosophes terroristes, les conservateurs subversifs qui révèlent les dessous d'un système tout en justifiant qu'on y adhère, les penseurs qui ne se demandent pas si Dieu existe mais d'où nous vient le besoin de croire en lui, les philosophes qui, au lieu de voir leur discipline comme la quête éperdue d'un savoir qu'il appartient à plus puissant que nous de posséder, font de la philosophie une sagesse de l'amour, un art de jouir, un courage de vivre, une science de l'immédiat, soucieux d'aimer la vie, plutôt que d'y voir le vestibule d'une vie supérieure. Toutes ces pensées se mêlaient en moi avec une étonnante facilité, comme si un tel abandon, au sens noble du terme, couvait depuis longtemps. En délaissant ma mélasse pour me lancer d'abord dans un nietzschéisme ardent puis dans un matérialisme enchanté, en substituant les philosophies de la joie aux pensées du sens, et la détestation des idées fixes aux systèmes confortables, je faisais mieux qu'une adolescence tardive, j'apprenais un nouveau langage. Ou plutôt je découvrais une langue enfouie.

Car je ne vous renseigne sur les différentes étapes de mes adhésions philosophiques que pour dire ici une chose essentielle, dont je me suis aperçu en lisant de près, des années plus tard, les livres que ma mère écrivait à la même époque : la langue que je croyais adopter, mon deuxième langage, était, en réalité, ma langue maternelle. Ce que je prenais pour une nouveauté n'était qu'une réminiscence. Ma mère et moi étions jumeaux de souci, cousins, voisins, parents, obsédés par les mêmes questions, saisis des mêmes vertiges, tentés par la même modalité de l'insaisissable, le même matérialisme enchanté, la même façon de ne pas croire en Dieu. La quête de l'ineffable, la musique qui prend le relais des mots, la beauté du geste (ou *kinésophie*), l'éloge d'une puissance qui se passe de preuves et n'a pas besoin de plaire, le souci de rétablir en toute chose un principe de continuité comme antidote à la solitude, le désir comme expression de l'excès et non du manque, le sentiment que les récompenses servent d'abord à rassurer ceux qui ne sont pas certains d'avoir réussi, l'intuition que l'explication ne dissipe pas l'énigme, l'idée que la finesse est au bout de la patiente répétition des mouvements ou que la rectitude du geste l'emporte sur le cœur de la cible, le constat que l'errance est plus riche que le simple voyage et qu'elle est tempérée par le sentiment de créer le chemin qu'on emprunte... Tout était là. La raison pour laquelle le feu a si bien pris, c'est que, loin d'enfiler un déguisement, je faisais connaissance avec moi-même.

J'ai longtemps cru déserter ma langue natale à vingt-cinq ans au profit d'une langue nouvelle dont la pratique était une déclaration d'indépendance. Mais, en vérité, j'avais déjà tourné le dos à ma langue première en adoptant, à douze ans, la langue à laquelle j'ai ensuite voulu m'identifier pendant longtemps. Mes nouvelles amours philosophiques forgeaient le discours duquel, sans le savoir, je m'étais détourné quand j'étais parti de chez elle. J'avais alors tellement envie de vivre avec mon père que j'avais incorporé sa vision du monde, au point d'oublier que je pusse aussi être fait d'un autre métal. De sorte que, dans la redécouverte des pensées de ma mère, se nouait une grande réconciliation avec l'enfant que j'étais, dont le matriarcat délivrait l'alphabet. En allant du côté de Spinoza, de Bergson, de Rosset, de Jankélévitch et même de Camus, en mêlant une culture de l'émerveillement à l'inhumanité du monde et au sentiment d'y être un étranger je croyais m'éloigner de mon enfance, alors que je m'enfonçais dans une enfance plus profonde. Ma mère, c'est mon linéaire A, mon écriture secrète. Pour l'avoir temporairement identifiée à l'ennemi, j'ai oublié que j'étais composé de la même substance. Pour avoir détesté le climat de la rue de l'Ancienne-Comédie et le mélange de violence et de perversité destiné à me convaincre que j'en étais responsable, je me suis éloigné du monde où je croirais accoster pour la première fois quand, quinze ans plus tard, après de si longues tribulations que je les avais prises pour ma vie, j'en retrouverais le rivage. Je croyais changer de pays en devenant spinoziste alors que j'avais depuis toujours la double nationalité. En lisant ma mère trop tard, longtemps après la période où elle écrivit *La Beauté du geste*, tandis que je faisais mes premières armes de philosophe, j'avais l'impression qu'un vieil ange inemployé, devenu inutile, me montrait de quelle façon il m'aurait ouvert les yeux si j'avais consenti à recourir à ses services.

Depuis, je la lis comme je lis Clément Rosset. En sachant ce qu'elle va dire, non parce que je la connais par cœur, mais parce que, comme un sixième sens, elle montre à mes propres idées tout ce qu'elles savent faire. Et quand j'écris sur elle, si une idée me manque, je n'ai qu'à ouvrir l'un de ses livres au hasard pour retrouver, comme par enchantement, le fil de ma narration. À ce degré de proximité, le souvenir est confondu avec l'intuition et le sentiment de l'absence est un peu moins vif. En lisant ma mère, je suis lecteur de moi-même, en songeant à elle, je pense mieux ; elle vit en moi, comme le nez charmant de mademoiselle de Saint-Loup porte la trace des Guermantes et non des Swann. En dépit des apparences, je ne suis pas seulement un Enthoven. Je suis aussi le dernier des Gradwohl, et je ne chercherais pas ma mère si je ne l'avais déjà trouvée.

Il n'y a vraiment aucune raison pour que je sois dans cette maison profondément inhabitée, au milieu d'un lotissement coquet, aussi improbable qu'un amas de ruines.

Désirs éraflés.

Lenteur de soi à soi.

Ce qui persiste dans la brume écarlate, à l'extrême avant-scène, peut être discerné dans l'admirable torpeur des jours.

Une présence régulière à l'Ehpad est importante, car c'est la garantie pour les pensionnaires de ne pas être négligés. Rien ne fonctionne autant, en matière de soin, que les parents impromptus qui peuvent surgir à tout instant et prendre le personnel en défaut. Les pensionnaires qui ont une famille ou des amis sont toujours mieux soignés que ceux qui sont vraiment seuls au monde, qui ne reçoivent aucune visite et dont la mort ne chagrinera personne.

Cela dit, pour éviter d'aller la voir, pariant sur les défaillances de sa mémoire, je la convainquais parfois que j'étais venu la veille alors que je n'étais pas venu depuis trois jours. Ignoble calcul, qui se donnait sa confusion pour alibi. Mais on s'arrange comme on peut. D'autant que ça marchait à tous les coups. Reste que, pour cette raison, je me sentais souvent coupable en entrant dans sa chambre. Coupable, c'est-à-dire protecteur.

Or il y avait ce pensionnaire de l'Ehpad que j'ai trouvé un après-midi debout à côté de ma mère, tandis qu'elle regardait BFM en bavant. À mon arrivée, il me lança un regard de bête apeurée que j'eus le tort de considérer comme hostile. Ma mère m'avait tant de fois raconté que des pensionnaires ou des soignants venaient discrètement la voir pour la torturer ou lui dérober ses affaires, que, tout en faisant la part d'un délire de persécution, je traitai spontanément l'inconnu comme une menace. Marchant avec assurance vers ma mère, qui ne m'avait pas vu arriver, je fis sentir au vieillard silencieux, par ma seule présence et sans un mot, que la sienne était superflue, et qu'il était grand temps qu'il s'en allât sous peine que je l'attrapasse par les épaules.

Je l'ai souvent revu. À vrai dire, chaque fois que j'allais voir ma mère, il était là et se tenait dans sa chambre, debout, près d'elle, en silence. Et comme il continuait à m'adresser des regards hostiles quand j'entrai, je continuai à traiter l'énigmatique comme une menace pour ma fragile maman.

J'étais sur le point de prévenir les aides-soignantes qu'un importun squattait la piaule de ma mère tous les après-midi quand cette dernière, qui était en bout de course, fut atteinte d'une énième infection, l'infection de trop, dont elle souffrait tellement qu'elle en redressait parfois la tête. C'était le coup de grâce, la fin de la guerre, l'ultime opération dont elle ne reviendrait pas. Alors que j'étais auprès d'elle, morphinique, qui délirait doucement, et qui avait à peine pris acte de ma présence, je vis soudain entrer à mon tour le vieux monsieur mutique qui, s'approchant de moi, prit la parole pour la première fois et ne dit qu'une phrase : « Je peux faire quelque chose ? » Et devant l'effort qu'il faisait lui-même pour dire quelques mots, je compris soudain que la « menace » était, en réalité, le dernier homme sur Terre à avoir adoré ma mère, et qu'en d'autres temps, il eût traité comme une reine celle qui ne demandait que ça. Dans ce colloque de silence entre deux mourants, il y avait tous les éléments d'une histoire d'amour gravement desservie par les circonstances. Il paraît que certains pensionnaires sont allés se recueillir sur la tombe de ma mère. Nul doute que l'étrange monsieur silencieux, l'ultime soupirant dont j'ignore le nom, faisait partie du groupe.

Mes pensées font une ronde macabre tandis que j'observe ma main gauche travailler une montée d'arpèges avec une attention extrême...

– Alors, tu as réussi à revoir ton fils ?

– Depuis le jour où j'ai fait sa connaissance à Orly, entre deux avions ? Pas encore. Mais je suis optimiste. Mon avocat est confiant.

– C'est bien.

– Ce qui est pénible, c'est d'avoir à me battre contre une brute pour obtenir des droits dont, au départ, je ne voulais pas du tout !

– Ne te plains pas, on n'a jamais trop d'enfants.

– Tu peux parler, tu n'en as que deux.

– Deux, c'est énorme.

– Vrai. Mais trois, c'est plus.

– Pas sûr ! Tu sais combien d'enfants avait Clara Schumann ?

– Non ?

– Huit !

– Non !

– Si !

– Mais de quoi je me plains ?

– N'est-ce pas ? Et c'était une prodigieuse interprète ! C'est grâce à elle que l'œuvre de son mari a été jouée dans l'Europe entière !

– Lui ne jouait plus ?

– Non, c'était un virtuose, le Paganini du clavier, mais une paralysie de la main droite lui a brisé le cœur. Il en a fait des chefs-d'œuvre, les études symphoniques, *Arabeske*, l'intermezzo du *Carnaval de Vienne*... des chants d'amour, mon Raphaël ! Il était béni du ciel et tellement malheureux !

– À t'entendre, on se dit que l'un était la rançon de l'autre.

– En tout cas, ça allait de pair, c'est son désespoir qui a inspiré ses plus belles pièces.

– Et donc, il était paralysé ?

– Oui, on ne sait pas vraiment pourquoi. Certains disent que c'était à cause d'un instrument qu'il aurait inventé pour stimuler sa dextérité. D'autres disent que c'est à cause d'une maladie vénérienne...

– Une blennorragie des doigts ?

– Mais qu'il est bête ! Il ne pouvait plus jouer, voilà tout ! Et c'est Clara qui a pris le relais. Elle était sa main droite.

– En somme, tu es la Clara Schumann de ton père !

– J'aimerais bien. Mais il y a deux différences.

– Lesquelles ?

– D'abord, Pitou n'était pas compositeur.

– Vrai.

– Et Clara, son problème, c'étaient ses huit mômes. Moi, je suis toute seule à m'empêcher.

– Pour quelqu'un qui s'empêche, tu t'en sors bien.

– T'y es gentil, mon fils.

– En tout cas, comme Clara, c'est toi qui joues à sa place.

– Je ne joue pas à sa place, je joue avec lui. Un peu comme lui, peut-être. De temps en temps.

– Tu as gardé ses gestes, ce n'est pas rien.

– Si tu veux. Je suis surtout la pianiste qui doit se résoudre à se torturer les doigts de la main gauche comme lui s'est torturé la main droite...

– Ou celle que les circonstances ont contrainte au génie. Dont l'adversité fait toute la chance...

– Tu parles comme Pitou. Quand j'étais petite, mon père me disait que c'était en se mutilant que Schumann avait *réussi* à renoncer au piano pour devenir un fabuleux compositeur. Il était comme ça, mon père, un éternel optimiste, qui voyait le *happy end* sous la tragédie.

– Il n'avait pas tort...

– Bien sûr qu'il avait tort ! c'est pour ça qu'il a tout perdu. C'était un enfant de chœur, si tu savais. Il disait « Après la pluie, le beau temps », tu te rends compte ?

– Même toi, tu n'oserais pas dire ça !

– D'autant que Schumann est devenu fou. Je n'en suis quand même pas là !

– Qui vit sans folie n'est pas si sage qu'il croit...

– Mouais. C'est pas drôle, la folie. Je t'assure. Voir son vieux père délirer, c'est un cauchemar que je ne souhaite à personne. Le voir approcher ses mains tremblantes du clavier, avant de le refermer sans oser en jouer, c'est la chose la plus triste du monde.

– Il avait Mimi...

– Tu parles ! Elle l'a mis dans un asile d'État pour vieillards gâteux !

– Peut-être qu'elle ne pouvait plus s'occuper de lui ?

– Peut-être. Peut-être aussi qu'elle lui en voulait d'avoir engrossé l'astrologue.

– Tu as un autre frère ?

– Il paraît que c'est une sœur, mais on s'en fiche. Le fait est que Mimi n'a pas voulu le soigner elle-même.

– Soigner, soit nié…

– Tu as l'oreille musicale, mon Raphaël, tu ferais un excellent psy. Bon, on s'y met ? Quel texte, monsieur le professeur ?

– Un texte sur les défaillances de la main !

– Ah bien, c'est d'actualité !

– Précisément.

Et je lui lus le passage d'*Un amour de Swann* qui vient immédiatement après la révélation qu'à l'écoute de la petite phrase de Vinteuil la mort a quelque chose de « moins amer, de moins inglorieux, de moins probable… », où Proust assigne à la musique un double régime d'existence, humain et surnaturel, comme si la petite phrase, née d'un compositeur mélancolique, avait existé séparément de lui avant d'être capturée, recopiée et interprétée. « Et une preuve que Swann ne se trompait pas quand il croyait à l'existence réelle de cette phrase, c'est que tout amateur un peu fin se fût tout de suite aperçu de l'imposture, si Vinteuil ayant eu moins de puissance pour en voir et en rendre les formes, avait cherché à dissimuler, en ajoutant çà et là des traits de son cru, les lacunes de sa vision ou les défaillances de sa main. »

– Alors ?

– Rachmaninov ! Opus 32, nº 12 !

– Et pourquoi ?

– Parce que, pour une fois, défaillance pour défaillance, c'est la main gauche qui est en charge de la petite phrase. Et puis, Rachmaninov, c'est ce que mon père jouait le mieux.

Et tout était vrai. Contrairement au troisième *Impromptu* de Schubert, qui la faisait tournoyer comme une petite danseuse, la petite phrase était grave, sombre, solennelle, russe.

Menaçante. Elle était comme une vague, une promesse de suicide qui précède un retour en grâce, puis laisse la place à une douceur inouïe, comme si le monde s'était converti à la tendresse, avant de reparaître en flammes pour finir, en accords parfaits, par s'évanouir à la pointe du mât.

La maladie entre en moi par la grande porte, vagues houleuses, tempête dérisoire. Le corps se creuse, se tord, se liquéfie, torturé, serpent rampant au fond du ventre. Je la combats à mains nues. Je ne crève pas, je subsiste, je résiste. Je crie. Je veux crier.

Dans *Le Côté de Guermantes*, après avoir subi sa « petite attaque » dans le pavillon d'aisance des Champs-Élysées, la grand-mère du Narrateur, si pudique et soucieuse de n'être un poids pour personne, essayait, par tous les moyens, de cacher sa maladie. Parfois, quand un « c'est affreux » lui échappait et qu'elle apercevait sa fille, « aussitôt elle employait toute son énergie à effacer de son visage les traces de douleur, ou, au contraire, répétait les mêmes plaintes en les accompagnant d'explications qui donnaient rétrospectivement un autre sens à celles que ma mère avait pu entendre : Ah ! ma fille, c'est affreux, rester couchée par ce beau soleil quand on voudrait aller se promener, je pleure de rage contre vos prescriptions… » Mais la sueur qui perlait et collait des mèches blanches sur son front mauve, la secousse convulsive et mal réprimée de tous ses membres, enfin le « gémissement de ses regards » témoignaient, malgré elle, de douleurs inouïes. Quand elle devint tout à fait aveugle pendant quelques jours, son seul souci fut qu'on ne vît pas son infirmité et, à cette fin, elle souriait automatiquement chaque fois qu'on ouvrait la porte, d'un « sourire qui commençait trop tôt et restait stéréotypé sur ses lèvres », d'un sourire auquel sa fixité et l'ambition d'être vu de tous donnait un air d'exorbitante aménité. Quand elle recouvra la vue mais devint sourde, tentant d'« écouter avec les yeux » et pour n'éveiller aucun soupçon, elle tournait à tout moment la tête en direction de la porte d'entrée, aux dépens de ses cervicales. Le récit de la maladie de la grand-mère du Narrateur se confond avec le récit des tentatives pour la dissimuler.

Avec ma mère, ce fut un peu différent. Elle ne nous a rien épargné du tout. Toutes les horreurs de la maladie, toutes ses dégradations, des premiers symptômes jusqu'à la mort en passant par l'affolement, le désespoir, les hurlements, les chutes, la folie, la violence, l'atonie, l'aphasie, la bave, nous les avons traversées avec elle. Ma mère s'est livrée corps et biens à la maladie, dans un joyeux *glissando*, trop heureuse d'avoir le droit de baisser enfin les bras, et de nous confier la gestion de ses affaires, de son emploi du temps, de ses opérations... Le fait que nous nous acquittions, ma sœur et moi, de toutes ces tâches n'éveillait chez elle aucune gratitude, mais suscitait, au contraire, des comportements chaque jour plus infantiles, comme un clochard qui, au lieu de vous remercier du billet de dix euros que vous venez de laisser tomber dans sa sébile, vous en demande aussitôt un autre. Le goût de dire merci passait après la volonté frénétique de gratter ce qu'elle pouvait. Les moments de tendresse étaient juste des moments de tendresse. Sans reconnaissance ajoutée, ni pudeur non plus. Nous avions tout sous les yeux, tout le temps. Son visage, ses messages, sa peur, mais, sans être parfaits, dans la mesure du possible, nous ne l'avons pas délaissée, elle s'est délaissée. La plupart des gens qui vous rendent coupable regrettent de le faire. Seulement avec son mal, ma mère était en liberté. Pas du tout coupable de nous culpabiliser. Une mendicité sans complexe, qu'elle avait longtemps retenue et dont je persiste à penser qu'elle couvait et n'attendait que l'occasion opportune de s'exprimer sous le masque d'une peur légitime, avait pris le pouvoir en même temps que la maladie. Elle s'est livrée sans réserve à ses enfants. Je suis plainte. Je suis malade. J'ai tous les droits. À l'aide ! Au secours ! Partez, si vous l'osez ! Sinon, démerdez-vous avec moi.

Quelle valeur accorder à son témoignage quand elle me dit, au milieu de paroles délirantes, que le personnel la martyrise, qu'on la laisse parfois toute la journée sans la changer, qu'on la pince quand on la lave, qu'on la pique tout exprès dans des veines déjà percées, qu'on la bat comme plâtre, qu'on lui tire les cheveux, qu'on laisse couler de l'eau brûlante sous sa douche, qu'on la menace et qu'on l'insulte ? Les Ehpad ne sont pas des lieux de vie, mais des mouroirs, c'est entendu. Des lieux de succion qui vous pompent le capital d'une existence tout en vous accordant des soins minimaux. Mais est-ce à dire qu'elle est vraiment battue ? Faut-il que j'installe une caméra dans sa chambre, que je la fasse déménager dans un autre Ehpad, plus loin de chez moi, sans garantie qu'elle y soit mieux traitée, ou que je m'abrite lâchement derrière l'idée tranquillisante que la démence est toujours assortie d'un délire de persécution ? Ma réaction fut de passer la voir au moins trois fois par semaine pendant quelque temps, le plus souvent dans la matinée, c'est-à-dire à l'heure des soins, pour m'assurer qu'elle était correctement prise en charge. Je n'ai rien vu de choquant. Je ne doute pas que, parmi les soignantes, certaines soient peu soigneuses, ni que la réalité de la vie de l'Ehpad soit bien différente de ce qui nous est vendu, j'ai maintes fois expérimenté l'abjection d'un tel système, la sournoiserie du personnel qui change la posologie sans m'en avertir, de manière à l'endormir plus tôt, les traces de sangles sur les poignets et l'indifférence spectaculaire qu'on vous témoigne dès la conclusion du contrat, mais faut-il croire pour autant qu'elle y est « convenablement torturée », comme elle le dit avec délicatesse dans un message qu'elle avait laissé sur mon répondeur à l'intention de sa copine Marie ? Peut-être. Atroce peut-être.

La piste d'envol devint une salle de bal, puis une chambre d'amour. Les portes de la nuit s'ouvraient, la terre fonçait sans crainte dans l'espace consentant. Les galaxies allumèrent dans leurs pupilles un même incendie. Ils savaient tout l'un de l'autre ; en présence de l'amour, la connaissance précède l'acte, et chaque geste est sacré, et chaque flèche atteint sa cible.

Ma mère, qui imitait à la perfection le roucoulement des tourterelles, c'était une amoureuse. Elle n'aimait rien tant que marcher dans la nuit, contempler l'étrave des péniches au clair de lune, écouter le pas décadencé de deux amants qui longent les quais, sentir sa main dans la sienne comme un oiseau content, s'étonner au passage qu'en France le clochard soit un rebut de la société alors qu'en Inde les renonçants font l'objet d'un culte, se dire que la tiédeur n'est pas assez chaude pour qualifier cet instant et se souvenir à jamais des êtres qu'elle a croisés ce soir-là, témoins involontaires de sa bonne fortune. Elle appelait ça les épiphanies ambulatoires.

Rémy, Jean-Paul, Isidore, Jean, Jean-Philippe, Harry. Elle les a tous adorés. À sa manière, c'est-à-dire à la leur, en épousant non pas l'homme mais ses manies, ses goûts, ses rires, ses rites et ses opinions... Ma grand-mère, sa mère, était une amoureuse, elle aussi, qui choisissait avec soin ses hommes mariés. Mais ma mère, c'était une hyper-amoureuse, qui endossait, pour un temps, l'identité de son amant. Chaque fois qu'elle prenait feu, nous passions loin derrière. Elles ont fini seules toutes les deux, et folles. Brisées de n'être plus aimées.

Contrairement à la sienne qui avait eu pour obstacles les conventions sociales et l'anti-américanisme virulent du Paris de l'après-guerre, arc-boutés contre les épousailles d'une innocente du Colorado avec un grand bourgeois pianiste dûment marié déjà et père de deux enfants, ma mère s'était largement heurtée à elle-même dans la quête du sentiment, et comme elle avait nui à sa carrière professionnelle en prenant toujours la mauvaise décision et en refusant les postes qu'elle aurait dû accepter, elle avait nui à sa vie sentimentale en passant de l'adoration au mépris à la vitesse d'un désir qui s'estompe. C'est qu'elle n'a jamais eu de suite dans les idées. Elle a utilisé ses hommes comme des cahiers, le temps de noter un rêve encore vif, de commencer une histoire, de passer une nuit à pleurer, de revivre un souvenir. Mais ma mère était philosophe. Et d'une question lancinante (*Ne peut-on rafistoler les petites âmes stupides des amoureuses blessées ?*), elle avait fait une théorie de l'amour comme principe réparateur qui surmonte le temps lui-même pour corriger l'existence.

Il y avait l'espoir presque concret qu'en déchiffrant le talisman, la spirale de pierre, on trouverait le secret de l'amour, que le scribe trouverait son aimée, sauvée des flammes, et pourrait la caresser dans l'herbe. Le rêve que l'archéologue parviendrait à culbuter la Vénus de Brassempouy. Ou l'envie, plus modeste, de croire qu'on peut reconnaître une femme, vingt ans plus tard, à la façon dont elle dénoue ses cheveux, et qu'un homme capable d'écrire ou de jouer des choses tendres devait savoir, à coup sûr, tenir une femme par la main en veillant à la naissance du désir comme sur un feu délicat.

Il y avait l'ambition que par la grâce de l'écriture la joie demeure et l'enfance perdure. Et la certitude, sans jamais croire au ciel, qu'*un grand amour répare le monde longtemps après sa conclusion humaine*.

Ma mère aimait tellement les hommes qu'elle décrivait les scènes d'amour uniquement du point de vue des femmes et de leur « docilité vertigineuse ». Esther, Marguerite, Nilatea, Laodomia... toutes ses héroïnes exigent d'être caressées comme femmes et non comme êtres humains, selon l'heureuse formule d'Etty Hillesum. Toutes se méfient de l'excès des paroles, détestent les amours en déclin et vivent dans le souvenir extatique d'une entente perdue, malgré la discordance des rêves. Qui peut penser que leur démiurge était une adorable midinette sexagénaire qui cherchait en ligne un bonheur précaire depuis que son dernier amoureux l'avait abandonnée et qu'elle avait pris une retraite anticipée ?

C'est par une extension naturelle du champ de l'amour qu'elle en était venue à penser le silence. Comme Camus avait fait du silence de sa mère (qui le regardait, sans un mot, courir et s'allonger sur les lattes du petit appartement de la rue Belcourt) la matrice d'un développement ontologique sur l'absurdité de l'existence et le sentiment désespérant que le monde n'est pas là pour nous faire plaisir, ma mère faisait de son propre silence, du silence de sa naissance et du silence qui entourait la solitaire jusqu'à la menace un viatique pour une meilleure compréhension des choses, le lien discret qui unit les mots, qu'elle comparait au vide entre les planètes. Le silence est un art de l'attente que le pianiste pousse à l'extrême en levant les doigts avant de retirer son pied. Le silence est une frontière, qui ne sépare que pour mieux réunir. Le silence est un trait d'union, qui soude en isolant, qui distingue les notes pour introduire le principe de continuité. Ma mère, l'amoureuse, faisait constamment la différence entre ce qui était *séparé* et ce qui était *réparé*.

La séparation, c'était sa main gauche écervelée, qui lui donnait l'impression de la trahir alors qu'on ne peut pas davantage se trahir soi-même que se chatouiller tout seul, c'était l'index qui résiste, qui refuse de *se poser au sol* et qu'elle aurait voulu mettre à l'index comme Clément Rosset disait « le moi, je le mets loin de moi ». C'était la supériorité croissante de sa main droite, qui donnait les contours d'une hiérarchie au drame minuscule qu'elle était seule à vivre : le divorce entre une main contrariée et un cerveau contrariant. C'était l'énergie musicale qui se perd dans les sables, et le supplice inouï, pour une philosophe holistique, de constater qu'elle est désormais prisonnière d'un corps malhabile qui se déforme lentement. La séparation, c'était la nescience perdue et le retour du trac, le syndrome de Guillaume Tell avec la pomme sur sa propre tête, c'étaient toutes ses esquisses, ses entreprises inabouties, et sa jolie carte de visite où, à l'intention d'un visiteur éventuel, elle avait pris soin de dessiner des lilas autour de son prénom. À l'école de la séparation, elle devait se résoudre à apprendre le métier de vivre, mais elle faisait germer les phrases dans des lieux secrets où l'anéantissement ne pénètre pas.

Et puis, comme le ressac corrige la marée, la réparation réparait la séparation elle-même, à la façon dont l'écoute des premières mesures d'un impromptu permet de résoudre les dilemmes existentiels, ou dont la musique, de façon générale, exalte et résout des tourments sans objets. La réparation, c'était la fusion des mémoires et la concordance des sens au moment de poser ses doigts sur le clavier. C'étaient les synesthésies somptueuses que ménage le piano, quand la musique sourd de ses doigts comme une liqueur impalpable, quand les doigts de l'artiste, imitant la souplesse de l'archet, laissent entrevoir, du pépiement d'un pinson jusqu'aux symphonies mortuaires, un régiment d'images associées. C'était la fin de la solitude grâce aux neurones miroirs, le sentiment qu'une émotion est identique d'un corps à l'autre, l'émerveillement que tout le monde bâille en même temps, et la certitude que Jack Bauer se torture lui-même en torturant les autres. C'était la médecine chinoise qui l'aidait à interpréter en termes d'équilibre et de cohabitation la maladie qu'elle vivait comme une invasion. C'était le génie des intervalles, les soleils de Claude Lorrain, le rêve du kata réalisé où la continuité du corps à l'esprit ne connaîtrait aucune solution, et la méticulosité d'un postier qui cherche la perfection dans chacun de ses gestes avant de lui adresser un signe de la main. Enfin, c'était le sens de l'Histoire. Le goût de chercher dans les fractures apparentes les fragments d'une vérité originelle, et l'art du scribe qui gravait en spirale le secret des sentiments. Ma mère, c'était une amoureuse, qui se donnait pour tâche d'extraire l'éternité du transitoire en assumant le passage du temps.

Écouter la nuit qui avance en moi, la nuit paisible du temps qui roule les cailloux au fond du fleuve.

Et puis elle s'est tue. Telle une bougie qui s'éteint. Non que les mots lui eussent été plus difficiles à prononcer, ni qu'elle butât sur ses paroles comme l'induisent les anévrismes ; ce sont les paroles elles-mêmes qui sont devenues rares, infimes, inaudibles, quasiment soupirées. Il y avait des phrases dans ce dernier souffle, mais il n'y avait plus d'air.

C'est qu'elle ne pouvait plus ni crier, ni pleurer, ni parler, ni courir, ni tomber, ni se taper la tête contre les murs, ni insulter la Terre entière, ni ressentir rien d'autre que cette longue morsure, ce venin répandu dans ses veines, ce venin lourd, ce sirop brûlant, un acide épais, une soupe, un potage, quelle nausée, et ce bourdonnement dans ses oreilles, ces larmes qui tintent dans son crâne trop petit pour contenir toutes les strophes inégales de sa vie. J'ai redouté son aphasie avant de la voir venir. J'ai su qu'elle finirait par se taire complètement bien avant qu'elle ne me répondît par onomatopées. J'ai vu les efforts insensés qu'elle faisait pour retrouver son calme quand je la menaçais de quitter la chambre si elle n'arrêtait pas de délirer, j'ai senti sous mes mains la contraction de tous les muscles de son visage, j'ai su qu'un jour prochain le silence allait l'emporter sur elle, et je n'ai rien fait.

Sa bouche, désormais, était essentiellement close, en un sourire de façade, et le regard presque joyeux ; elle n'émettait aucun son, ou alors seulement parfois du bout des lèvres et le moins possible. Elle chuchotait. Elle murmurait. Elle soupirait. Et puis silence. Non plus le silence agaçant de celle qui refuse de prendre une décision et qui s'en remet à ses enfants pour choisir son prochain lieu de vie, ni le silence embarrassé de celle dont on prend le délire en flagrant délit, mais le silence dévorant, le silence actif qui, comme un moucheur de chandelles, s'abattait à la façon du néant dans *L'Histoire sans fin*.

C'est dire si ma mère était mal armée pour se défendre contre les prédatrices de son Ehpad, les femelles alpha, les grandes connasses qui plastronnent et qui parlent fort, dont le fauteuil roulant est comme un trône, qui se prennent les meilleures places devant la télé, qui se font servir du thé, qui répondent avant les autres au *Trivial Pursuit* et qui incitent leurs congénères à se moquer de la rabougrie qui se bave dessus. C'est dire aussi si ces vieilles salopes, dont je me demande encore si elles compensaient une vie de soumission en exerçant une tardive tyrannie ou si, au contraire, elles avaient toujours gouverné où qu'elles se trouvassent, vivaient mal le fait de me voir arriver, chercher anxieusement ma mère dans cet aréopage de moribondes polymorphes, la trouver la tête sur les genoux, elle qui avait tant fait l'éloge de la verticalité, lui redresser le visage pour qu'elle me voie, afin d'éveiller chez elle cette lueur si douce dans le regard qu'elle n'accompagnait plus désormais du moindre commentaire. Elle disait « voilà ma merveille » avec les yeux, tout simplement, sous le visage furibond de la maîtresse du parterre, qui ne recevait guère de visites et dont le règne, à défaut d'amour, ne connaissait que la terreur.

Mamma, je suis triste, mais tu me donnes envie de chanter.

On ne se prépare pas à la mort des gens qu'on aime, c'est entendu, même quand on les accompagne à chaque étape de leur agonie. Qu'on s'y attende ou non, aucune habitude, aucune méditation, aucun exercice spirituel, aucun koan zen ne dissipe la stupeur de dire « Maman est morte ». Il est d'ailleurs étonnant que la mort nous étonne autant. Quoi de plus prévisible ? Quoi de plus attendu ?

Et pourtant, quand ma mère est morte, après des années de calvaire, à ma grande surprise j'ai fondu en larmes. Je n'ai pas traversé l'intervalle d'anesthésie postmortem qui vaut aux orphelins, souvent, d'être tout secs à l'heure des obsèques. Je n'ai pas eu à attendre qu'au détour d'une expérience ordinaire, quelques jours ou quelques mois plus tard, un souvenir involontaire me saisît aux tripes pour enfin pleurer de bon cœur. Rien de tout cela n'a été nécessaire. C'est en pleurant que j'écrivis mon hommage ou que j'envoyai mes SMS, et c'est toujours en pleurant que je me suis occupé des obsèques, du casting des présents, du nombre de kippas, du rendez-vous avec Delphine, la merveilleuse rabbine... J'ai même pleuré pendant l'enterrement.

La semaine de sa mort, j'étais franchement triste, ouvertement triste, pleinement triste comme il faut l'être. Les larmes coulaient, si abondantes que j'en riais presque et qu'elles me brûlaient les yeux. C'était fou, cette orgie d'eau salée. On eût dit une énurésie de larmes, une parturition de larmes par mitose oculaire, comme si mon chagrin avait un coup d'avance, comme si toute l'eau de mon crâne penché se déversait sans peine, comme si j'entamais d'emblée, avec sa mort, le deuxième temps de mon deuil.

L'intervalle de sa maladie a-t-il facilité les larmes en donnant à sa mort la valeur d'un soulagement ? Ai-je anticipé mon chagrin en étant si triste de la voir si diminuée pendant si longtemps ? Il est vrai que, malgré tous les moments de tendresse, de complicité voire de joie, j'allais la voir dans son Ehpad comme on se pend par les couilles, et que, systématiquement, quand j'en repartais, j'étais partagé entre la tristesse et l'envie d'en finir. Ces heures si douloureuses avaient-elles préparé le terrain ?

J'étais probablement aussi triste que si elle fût morte en pleine possession de ses moyens, seulement la tristesse était doublée (sans être tempérée par lui) du sentiment que c'était mieux comme ça. La dernière fois que je l'ai contemplée, les rites religieux avaient été accomplis et son petit corps était recouvert d'une toile rose. Ç'aurait pu être n'importe qui. Toutes les tombes sont vides.

La mort est trop simple. Sa pauvreté la déconsidère. Elle aplanit toute chose, en elle rien ne tient, les formes se défont, les objets se délitent, elle instaure un partage infini, une explosion de la matière, elle sépare les êtres des autres êtres et elle sépare chaque être de lui-même, elle n'admet pas l'unité composite d'un organisme, elle démonte jusqu'aux racines des grands arbres frappés par la foudre.

Mais il y avait foule à son enterrement.

Amis, collègues, cousines, amants, copines qui s'étaient éloignées de peur de s'apercevoir elles-mêmes dans le miroir que sa maladie leur tendait... Les rares absents n'empêchaient pas que tout le monde fût là. Elle qui était parfaitement abandonnée de son vivant et qui, sans nous, aurait, comme sa propre mère, affronté la démence toute seule, n'en était pas moins aimée, manifestement. D'ailleurs, les fantômes, eux aussi, étaient venus en nombre, fantôme de son père, dont les cendres sont toujours au Colorado, qui l'accueille d'une berceuse en costume prince-de-galles, ou de sa mère qui, comme elle préparait les petits-fours pour les grandes soirées de La Brésilienne, apprête le tombeau pour y recevoir sa fille, fantôme de Nicolas, son neveu, qui s'est suicidé en 1998, et qui, pour se faire pardonner de lui avoir volé sa drogue un jour, lui a préparé un gâteau de shit, fantôme de ses amies disparues, Laetitia la hippie snob et Micha la douce... Mon propre père, triplement phobique de l'avion, des enterrements et des réunions de famille, tenta vainement de rater la chose (« Je suis vraiment désolé, mon petit chéri, mais figure-toi qu'il n'y a pas un seul vol, cette semaine, depuis Montevideo... ») mais la faiblesse de sa fable l'avait trahi. Quand on ment aussi mal, c'est qu'on a envie de venir.

Même Isidore était venu, malgré son procès perdu ; il avait, comme à son habitude, enfilé une veste de velours côtelé et un pantalon trop court, et consenti, mollement, à la main que je lui tendais. C'est dire.

Il y avait foule à son enterrement. Ma mère eût aimé ça. Que ses amis, ses confrères, ses maris, ses amants, ses amies, ses enfants, ses petits-enfants, les amis des enfants, les ex des enfants, les ex des amis des enfants soient enfin réunis !

Les voir et les avoir tous au même endroit... C'était son utopie, sa Jérusalem. Ma mère a toujours caressé le rêve d'une famille élargie, d'un château assez grand pour accueillir les gens qu'on choisit, les bonnes fortunes et les souvenirs... Une maison comme une fugue de Bach, dont l'existence même eût valu enchantement et réparation, où toutes les voix eussent parlé de concert sans jamais se contredire, une maison de concorde, un mirage. Qu'elle entretenait seule, à Montmartre où, pour tuer le temps, à l'aide d'un grand pot à café, sous la lumière d'une lampe-tempête, elle fabriquait des albums photo, recensait les articles et les monographies qui encombraient son bureau, et restait sans force, devant le spectacle d'une vie d'efforts, de recherches, de lectures savantes, de questionnements abyssaux, d'écritures patientes, et de montagnes de documents qui finiraient dans une poubelle en plastique jaune.

Ma mère eût aimé ses obsèques, car elle eût aimé que sa mort contredise les conditions de sa naissance. Il n'y avait personne au départ, et tant de monde à l'arrivée. Quel succès.

À quoi bon se soucier de faire ce qu'elle aime ? Quelle importance, qu'elle fût contente, puisqu'elle n'était plus là ? À quoi tient l'étrange réconfort de combler une volonté absente ? Est-ce une façon de nier sa mort ? De faire comme si elle posait encore un regard sur cette réunion ? Ou bien de la traiter comme ce qu'elle est devenue, un esprit gracieux qui m'accompagne en riant et montre le bout de son nez à chaque souvenir involontaire ?

Ma mère voulait bien que les gens mourussent, comment faire autrement ? Mais elle ne voulait pas qu'ils disparussent. Quand son frère François, le père de Nicolas, a rejoint son fils qui s'était suicidé vingt ans plus tôt, ma mère a écrit : « *Il ne sera pas dit que tu es mort dans le silence, dans la misère de la rue, avec ton grand front tourmenté, tes yeux si bleus électriques, ta candeur et ta rage et le désespoir qui rongeait l'édifice. Je n'ai pas su te retenir et la clameur ne diminue pas. Je prie la lumière et tous les dieux pour que tu reposes en paix et que la grâce soit sur toi.* » Faire taire le silence. Réparer l'irréparable. Puiser dans la lecture de Proust ou Benjamin le goût de *sauver le passé en donnant du relief aux petites affaires*, et de préserver du néant *la brocante d'événements miniatures et leur suc poétique*. Faire taire le silence. Oublier que le monde se tait pour s'attarder sur les harmonies dont il est capable. Bâillonner le sentiment que les choses ne sont pas là pour nous, afin de jouir des accords qu'elles permettent, comme le pianiste qui lève le pied décide lui-même du moment où le silence revient. Frapper le silence. Arracher cette plante vénéneuse, ce parasite venu du fond des âges, fantôme collé, suçant les veines, évidant les ventres froids. Arracher les racines de silence qui grouillent, vipères intestinales, ténias de malheur. Crier encore, jusqu'à ce que les vipères crèvent.

Il y avait foule à son enterrement. J'en étais si content.

C'est alors que, quand vint le moment de jeter une cuillère de terre sur le cercueil, le haut-parleur se mit à diffuser, à notre demande, un air de jazz, Benny Goodman, et, sans prévenir, une gaieté étrange, inopportune, impérieuse, s'empara de moi, comme un éclat de rire qui couvait, un sourire profond, une puissante envie de danser à la barbe des tombes. Les tam-tams de Benny avaient pris le pouvoir, les cuivres avaient pris le relais et twist ! J'imaginais Fred Astaire et Cyd Charisse (les seules jambes qu'Isidore m'ait appris à regarder), ou bien j'étais dans la Méhari sur les routes de Formentera, de retour de la plage, baigné de sel et de soleil, à écouter *Sing, Sing, Sing* en faisant tanguer la voiture. Sous cette musique qui résonne comme la fin d'un film, comme un *carpe diem* d'outre-tombe, ou le rappel que, dans le meilleur des cas, tout finit en chansons, j'ai fait une Etty Hillesum. Je me suis soudain défait de l'inquiétude. Je me suis trouvé joyeux au mauvais endroit. Mauvais endroit ? Qui peut le dire ? C'est d'un geste gai, presque celui d'un batteur, que je répandis de la terre sur son cercueil avant de partir en sifflotant. Comme ma mère adolescente s'enfermait dans sa chambre à Vaucresson et calmait sa détresse en écoutant du Beethoven, des lieder de Schumann ou la symphonie concertante de Haydn, et à qui, soudain, la vie paraissait tout aussi nulle mais en mieux, le monde était toujours cette tartine de merde, mais la musique avait temporairement changé la couleur du ciel et tout s'était dissipé, je n'étais plus que cet air léger, cet écho délicat, à peine audible et si fort, pourtant, qu'il emportait mon cœur dans une espèce de polka. Ma mère éteinte, le désespoir de son absence, l'absurdité de l'existence, le remplacement d'un cauchemar par un autre... Tout cela cédait la place à la musique enchantée. À quoi bon pleurer ? Pourquoi gémir ? Pourquoi se mettre la rate au court-bouillon ? Au cœur le plus sombre de l'existence, la joie musicale était venue narguer les douleurs de la vie, et l'avait emporté sur le fil.

Peu à peu, le simple fait de chercher devenait un but en soi, une jouissance mémorable, une fête, un bouquet d'immortelles déposé aux pieds de sa fiancée.

Elle s'était mise sur son trente-et-un pour le concert : un précieux chemisier noir aux manches effrangées qu'elle sortait uniquement pour les grandes occasions, orné d'un double collier de perles qui lui ceignait le cou et d'une petite broche en étoile sur le cœur. Elle avait les cheveux fraîchement coupés et teints, les yeux trop maquillés, les lunettes sur le nez. Le sourire ostentatoire, *bucca fissa usque ad aures*. C'était sa tenue de combat.

J'étais allé la chercher chez elle, en face de la halle Saint-Pierre, où elle échauffait ses doigts en travaillant un morceau que, bizarrement, je n'avais jamais entendu.

– De quoi s'agit-il ?

– Beethoven ! Opus 5 ! me dit l'artiste sans s'interrompre. Une œuvre de jeunesse, qu'il a composée l'année où il a commencé à devenir sourd. Je viens de retrouver la partition, je ne l'ai pas jouée depuis des siècles !

– Fabuleux.

Elle cessa de jouer.

– Raphaël, j'ai le trac.

– C'est normal.

– C'est comme si une souris me dévorait lentement les entrailles et m'empêchait de respirer. C'est l'horreur !

– Ça ira très bien.

– Facile à dire ! Ce n'est pas toi qui trembles !

– Il vaut mieux trembler de trac que d'autre chose.

– Tu as raison.

– Et puis, le trac, ça se sublime !

– Pas du tout ! Le trac, ça se subit ! Le trac n'est pas une sorte d'épice qui transforme une abondance d'émotions en génie musical, c'est une force noire, une force obscure, méchante, haineuse, négative. Il n'y a que le génie pour vaincre le trac, on est mal barré, c'est moi qui te le dis.

– Ça disparaîtra au moment d'entrer en scène.

– J'aimerais bien. Mais je ne suis pas une professionnelle, tu sais, je ne suis pas Sarah Bernhardt, je ne suis pas comme ces gens dont le trac s'estompe à la seconde où ils retrouvent leur public. Moi, je n'ai pas de public, je n'ai que des amis et encore, pas beaucoup ! Et je ne trouve aucun soulagement à entrer en scène.

– Respire. Reprends ton souffle avant de jouer, souviens-toi de tout ce que tu sais, et la musique coulera de source.

– T'y es doux, mon fils. Mais je n'ai aucune envie, en fait, de me retrouver sous la lumière, devant tous ces gens qui vont scruter tous mes défauts, toutes mes failles, tandis que je serai rongée par une terreur qui donne juste envie de sangloter dans le noir !

– Mais Maman, tu donnais des concerts à sept ans, devant les amis de ton père !

– Eh bien justement, tandis que je jouais, je ne pensais qu'à une chose : quand arriverai-je à la fin de ce satané morceau ? Qu'est-ce que je fous sur ce tabouret ? Comme ils doivent s'ennuyer, etc. C'était affreux. J'étais dans la mâchoire du monstre. Jusqu'à la dernière note, le pianiste doit rester seul au monde, devant les regards de tous... Horrible !

– Ah ben, ça promet.

– Surtout, je me méfie de ma main gauche.

– Ta main gauche connaît la musique, elle sait ce qu'elle a à faire.

– Oui, mais pourquoi je fais des fausses notes, alors ?

– Peut-être es-tu juste un peu maladroite ?

Je l'avais dit innocemment, mais elle se vexa tout à fait et sortit les grands mots.

– Maladroit toi-même, pauvre cloche !

– Excuse-moi !

Je l'avais blessée. Elle fondit en larmes dans mes bras.

– Maladroite, sans aucun doute, et peut-être un peu débile, mais depuis si longtemps jugée sans être entendue et empêchée par tous les moyens de montrer mon amour à ceux que j'aime plus que tout que je ne sais plus très bien m'y prendre et qu'il arrive parfois que la douleur malgré moi s'exprime au plus mauvais moment par une plaisanterie aussitôt retenue contre moi et transformée en crime ou, pire, en indice d'une essentielle méchanceté ! Maladroite certes, peut-être un peu débile, et sans doute condamnée à marcher à côté de la vie, à ne pas être la vraie mère, ni la vraie grand-mère, ni la vraie femme de qui que ce soit !

– Maman !

– Et ça ne s'arrête pas là ! ni vraie juive ni vraie goye, ni vraie journaliste ni vrai écrivain, ni vraie pianiste, ni française ni américaine, même pas vraiment de gauche, mais avec de vrais chagrins et un vrai sentiment d'injustice qui ne me lâche pas depuis un nombre d'années que je n'ose même plus compter, et une vraie lutte contre le désespoir d'avoir un fils magnifique qui me trouve maladroite, un fils qui ne me reconnaît pas, qui ne me connaît pas, un fils qui ne se laisse pas aimer. Et maintenant, je suis malade ! Et tout le monde s'en fout !

– Mais de quoi tu parles ? Je t'aime tant. Tes enfants t'adorent. Tes petits-enfants aussi. Tu as tout réussi. Tu es une pianiste merveilleuse. Et je ne te flatte pas. Tous tes amis sont venus nous écouter.

– Bof. Mes interprétations, c'est comme mes vêtements. On dirait plus des haillons que des robes de bal.

– Nous héritons des lambeaux d'une épopée sans gloire et nous brodons des fleurettes sur ce linge en haillons...

– Qui a dit ça ?

– Toi !

– Ah bon ? C'est bien dit.

– Mais oui. Il faut te nettoyer le visage, veux-tu que je t'aide ?

– Non, ça ira, merci mon canard-lapin. Parfois, on pleure un bon coup et tout s'arrange... Tu connais l'histoire du percussionniste de l'orchestre symphonique de Covent Garden ?

– Bien sûr. Mais raconte-la, ça te fera du bien.

– Le type est devenu fou en plein concert...

– Devant la reine !

– Devant la reine ! Soudain, *out of the blue*, au beau milieu d'une aria de Haendel, alors que les violons et les altos jouaient tout en douceur, le type s'est levé et a frappé ses énormes cymbales l'une contre l'autre, avant d'annoncer, avec la voix d'un crieur public : *Dinner is served !*

– J'adore.

– Et si on achetait des cymbales, plutôt ?

– C'est un peu tard pour changer d'instrument.

– Je ne veux pas y aller !
– Il va bien falloir, pourtant.
– Tu n'es pas très réconfortant.
– Tu n'as pas besoin qu'on te réconforte mais qu'on te stimule, allons-y !
– Et si ma main gauche...
– Ta main gauche va très bien. Le diable est dans la boîte. Tu vas beaucoup t'amuser.
– Tu crois ?
– Je le sais.
– Alors, je te crois. Je me remaquille et on y va.
– On a encore un peu de temps, tu veux jouer un petit quelque chose avant de t'en aller ?
– Je pourrais essayer l'*Intermezzo* puisque c'est là-dessus qu'on termine ? suggéra-t-elle en reniflant.
– Bien sûr ! Excellente idée. Souviens-toi que c'est à la toute fin du concert, juste après le texte qui fait le lien entre les impressions de Swann et celles du Narrateur.
– Qui ne sont pas les mêmes...
– Justement, c'est ça qui est génial. Swann, qui n'a pas d'œuvre, mythifie la musique et fixe ses émotions dans des motifs musicaux qu'il tient pour des idées véritables. Tandis que le Narrateur, qui est un écrivain prodigieux, décrit la façon dont la sonate lui échappe et se perd dans le temps.
– Ah oui, bien vu.
– Souviens-toi : « Pour n'avoir pu aimer qu'en des temps successifs tout ce que m'apportait cette sonate, je ne la possédai jamais tout entière : elle ressemblait à la vie... »

Alors, de ses doigts célestes, elle déroula le deuxième intermezzo de Brahms, qui est à la douceur en personne ce que

Proust est au temps retrouvé, son bon génie, son étendard et, pour ainsi dire, son inventeur. Loin d'apparaître de temps en temps avant de s'estomper en laissant au cœur le désir de l'entendre à nouveau, la petite phrase était le thème, le thème d'amour qui jaillit d'emblée, s'impose joyeux et triste, comme une acceptation teintée de nostalgie, et s'étale avec la grâce impérieuse d'un chat qui exige des caresses séance tenante. Dans ce monde sans mots, la douceur était physique et morale à la fois, la souplesse disait la bienveillance, la délicatesse mimait l'indulgence, et tout eût été parfait si, de temps en temps, d'une main droite audacieuse, une douleur intense ne montrait le bout de son nez. À l'entendre alors, le cœur se serre, comme devant la révélation dont on ne veut pas. Tel le lac de Capitellu, toujours couvert de nuages, qui ne dévoile au promeneur son abîme scintillant que par éclats, la douleur, en se faisant connaître malgré elle, se donnait aussi comme un lourd secret, le fin mot de tant d'efforts, dont l'exquise douceur, employée à la taire, devenait l'écrin. Nos douleurs sont des instruments. Nos chagrins sont des outils. Nos désarrois sont des scalpels. L'*Intermezzo* était comme un tableau dont le motif principal se croit à l'abri des regards mais témoigne de sa présence par un fragment involontaire. Une douleur fondamentale, tempérée par une douceur sans égal. Le tango sans issue du chagrin et du consentement, qui fait une mélodie de la peine de vivre.

– Ça va mieux, non ?

– Beaucoup mieux. Ça m'a fait du bien. Maintenant, j'ai les doigts qui piaffent comme des chevaux privés de promenade. Je me refais une beauté et on y va... J'espère quand même ne pas faire trop de fausses notes...

– Quelle importance ? De toute façon, tout finira par s'arranger, même mal !

– C'est vrai ! Je suis rassurée.

– Tu vois, ne t'inquiète plus, Maman. Ça va être inoubliable.

Jérusalem, avril 2025.

Ouvrages de Catherine David

L'Océan miniature, roman, Seuil, 1983 (Prix Contrepoint 1984).
Simone Signoret ou La mémoire partagée, Robert Laffont, 1983.

La trilogie du piano :

– *La Beauté du geste*, Calmann-Lévy, 1984 ; Actes Sud, « Babel », 2006.
Un essai merveilleux qui, tout en sautillant de la métaphysique à la confession, délivre les linéaments d'une laïque pensée de la grâce et d'une philosophie de l'émerveillement.
– *Crescendo, avis aux amateurs*, Actes Sud, « Un endroit où aller », 2006 ; « Babel », 2017.
Le plus proustien de ses livres, où le piano règne en maître, où cohabitent le souvenir d'une enfance radieuse et le désastre d'un bonheur enfoui, et où celle qui n'est pas encore malade envisage la vieillesse avec sérénité.
– *Lettre ouverte à ma main gauche et autres essais sur la musique*, Actes Sud, 2017.
Une apologie de la musique et de la plasticité cérébrale qui est aussi le journal de bord du combat qu'elle mène contre la maladie naissante et les affreux tremblements qui commencent à l'éloigner du clavier.

Passage de l'ange, Calmann-Lévy, 1995.
Une histoire d'amour qui est à la fois une ode aux pouvoirs de l'écriture, un pastiche de Capra, un bréviaire des mondes enfouis et une célébration des anges gardiens.
L'Homme qui savait tout. Le roman de Pic de la Mirandole, Seuil, 2001 ; 2002.

Que peut l'érudition contre le fanatisme ? Que peut la Renaissance contre ses propres gardes rouges ? La vie romanesque du dernier omniscient, et le récit de sa défaite contre Savonarole. Se lit en galopant.

Clandestine, Seuil, 2003.

Une confession musicale où la tristesse l'emporte sur la joie avant d'être vaincue, à son tour, par le bonheur d'écrire.

Préparation de copie : Guillaume Müller-Labé
Correction : Marie-Laure Sars
Maquette de couverture : Raphaëlle Faguer
Fabrication : Caroline Le Goff & Sébastien Dos Santos
Composition et mise en pages : Nord Compo à Villeneuve-d'Ascq
Photograveur : IGS-CP

Achevé d'imprimer en France
par CPI Firmin-Didot
en juin 2025
N° d'impression : 183862